いまどき PTA

嫌われ組織からの脱却

石原慎子 著

あっぷる出版社

はじめに（著者ブログ「草履で歩きながら考える」2009年7月10日より）

わたし、PTA、まだ1年ちょっとしか経験しておりません。

たったそれだけの経験でも、PTAには、一口では語れない、いろいろなコトや思いが詰まっています。きっと、悪口もいっぱい書いてしまうと思います。

でも最初に断っておきたいのは。わたしは、PTAを一概に否定する立場ではありません。PTAにはいいところもいっぱいあるのです。そこは、押さえておいてほしいのです。

PTA、やってみたら、とっても勉強になりました。おおむね楽しく活動できましたし、人間的にすこしは成長できたかなと思えました。

PTA、そもそもの目的は、素晴らしい理念を持っています。

でも、PTAは制度疲労を起こしているように思えてなりません。まるで、社会の縮図のように。

制度を運用する側の問題でしょうか。

理想を追求するあまり、悲鳴を上げている保護者の現実が正しく認識できていない人々が多いように思えます。

あるいは、認識できても、どのように対処していいのかわからないのかも、知れません。

「わたしがやったんだから、あなたも」の心理？

それともおカミの圧力……？

まさかねぇ？

「子どものため」のはずのＰＴＡ活動をする上で、「子どもの基地」であるはずの家庭生活や夫婦のコミュニケーションを犠牲にしなければ回っていかない、うちのガッコのＰＴＡをみてきました。「結構大変なほう」とママ友の間でも噂になっています。役員となったら、どんなに大変か、想像もつきません。

そ・れ・で・も！

うちのガッコのＰＴＡは、まだ、「学校の嫁」「地域の嫁」と呼ばれるような労力を提供する目的が「子どものため」を逸脱する、モティベーションを削ぐような活動がとても少ない、はずなんです。

とあるブログでみたトンデモ事例では、先生の離任の季節にＰＴＡ役員が日曜日に終日公民館に駆り出され、手料理を作り先生方を接待しなければならない、とか。

どう思われます？

正直、自分自身は、入学前に噂で「介護してても仕事してても辞退する理由にならず『絶対にやらなければならない』ものである」と聞かされていました。

わたし、一人っ子の母。在宅とはいえ、半専業主婦。じじばばと同居しています。きっと、狙われやすい、立場。

だから、低学年で身動きのとれるうちに比較的大変な委員会活動をこなして、やることやって逃げよ〜って思ってました。

これからどうなるかは、自分自身でもまるっきりわかりませんけれど、いろいろ考えたり調べたりしたことをまとめていきたいと思っております。

目次

はじめに（著者ブログ「草履で歩きながら考える」2009年7月10日より）　3

第1章　PTAのキホン　9

PTAってなに？ 10／PTAは任意団体？ 13／PTAは任意加入の社会教育関係団体 15／PTA規約の法的位置づけ 18／原点に注目したPTAの歴史 20／最近までのPTAの歴史 26／ここ10～20年のPTAを考える人たちの歴史 33／PTAの目的 38／大人の学びのため 42／PTA運営を通じて、民主主義を学ぶため 44

失敗しないPTA改革／加藤さえ子　48

自校のPTA改革に至るプロローグ 49／PTA改革を成功に導くために 50／ソフト面：気持ちの面の改革 51／ハード面：活動精査について 54／その他の見直し 55／まとめ 58

奈良市PTAはガラパゴス？／岡田由美子　60

奈良市PTA改革の歴史 60／PTA本来のあり方とは 65

「ＰＴＡの入退会自由に関する請願書」と署名活動について／とまて　67
「素晴らしいＰＴＡと修羅場らしいＰＴＡ」サイト立ち上げまで　67／署名活動開始までの経緯　68／
ＰＴＡ問題顕在化への試み　69／署名活動の開始　73／請願書と署名簿の提出　74

人間力アップ！　やりたい人・やりたくない人
どちらにとっても心地よいＰＴＡを目指して／鈴木理恵　78
私の略歴　79／小学校ＰＴＡ時代　79／中学校ＰＴＡ時代　80／最後に　84

第2章　ここを変えようＰＴＡ　87

ＰＴＡは民主主義の演習場　88／ＰＴＡのいいところ　92／任意加入の周知と徹底　95／入会前に説明する　102／強制しない　104／ポイント制、役員・委員決め　112／非会員とその子どもを排除してはいけない　115／絆をつくる　119／適切な個人情報管理　121／スリム化・ボランティア制　123／ＰＴＡとお金　128／透明性の確保　129／ＰＴＡを内側から変える　131／ＰＴＡと教育委員会　133／学校とＰＴＡ　134

ＰＴＡを外から適正化する／竹内幸枝　136
外から適正化運動　137／護送船団の結成　138／健全ＰＴＡへの道は険しい？　139／その後の現況　142／脱

ＰＴＡ　143／おわりに　147

保護者・市民として教育委員会と対話～学校とＰＴＡを変えるきっかけに～／ＫＫ　148

ＰＴＡとの話し合いと退会へ　149／大分市教育委員会とのやりとり　150／熊本市教育委員会とのやりとり　153／再び、大分市教育委員会とのやりとり　155／おわりに　156

「これからのＰＴＡ」にアップデート／下方丈司　159

転換期のＰＴＡ～どうアップデートしていくか　159／「これからのＰＴＡ」は入退会自由・主体的な参加～前提のアップデート～　160／「いまでのＰＴＡ」は難しい～アップデートの必要性～　161／「イヤイヤＰＴＡ」からのアップデート　163／「これからのＰＴＡ」～３つのアップデート～　164／「ＰＴＡとは何か？」～子どもたちのためのアップデート～　171／ＰＴＡは「ＰとＴのアソシエーション」　172／ＰＴＡの結成が進められた意図～教育の責任を分けあう～　172／教育の責任を分けあう―課題の共有　174／「これからのＰＴＡ」＝「入会したい、参加したいＰＴＡ」　175／おわりに　175

〈ＰＴＡ用語集〉　177

発刊によせて　大塚玲子　182

第１章　ＰＴＡのキホン

ＰＴＡってなに？

あなたはＰＴＡと聞いて、どんなイメージが浮かびますか？
ザーマスおばさんが集まってキーキー言っている団体？
いやいや、イメージが古すぎますね。
お母さんたちが集まって、学校のお手伝いをしている団体？
子どものイベントをやる団体？
堅苦しい？
保護者の義務？
聞きたくもない講演に行かされる？
気が重い？
楽しい？
役員決めが嫌？
いじめに遭う？

無駄ばっかり？

そもそも無理？

……だんだん主観的になってきました。

PTAは、同じようでいても、各学校の特徴によって具体的な活動は違います。共通点はたくさんありますが、それぞれ工夫を凝らしています。また、どんなルールや雰囲気で運営しているかも、PTAごとに違います。さらにいうと、まったく同じPTAでも、あなたの立場や状況によって活動内容や感じ方が変わってきます。

PTAとは、英語でParent-Teacher Associationの略で、任意加入の社会教育関係団体です。直訳すると、「親と教師が目的を達成するために集まった組織」です。

各学校で組織され、保護者と教師が会員になり、学校に事務局を置いて活動するのが特徴です。名称はPTAに限りません。令和元年度と平成28年度の「優良PTA文部科学大臣表彰」被表彰団体一覧をみるとPTA以外にもいろいろあります。以下のようにバラエティーに富んでいます。

保護者と先生の会

父母と先生の会

父母と教師の会
父母教師会
保護者と教職員の会
親師会
育友会
奨学会
とらいあんぐる（愛称）

以前、「私のところは育友会だから、ＰＴＡじゃないもん」という主張をネットでみかけました。いえいえ、学校を舞台にして子どもたちのために活動したり、規約があって民主的に運営したり、保護者と先生が会員だったりしていれば、それはまぎれもなくＰＴＡなのです。

このような各学校園で組織されたＰＴＡのことを、「単位ＰＴＡ」と呼びます。以降、本書でＰＴＡと記述するときは、単位ＰＴＡのことを指します。

「ＰＴＡ」には他に、単位ＰＴＡが集まって活動するＰＴＡ連合会・ＰＴＡ協議会があります。Ｐ連・Ｐ協などと略されます。小さいところでは各市町村・区のＰ連があり、県単位のＰ連があり、いちばん大きいのは公益社団法人日本ＰＴＡ全国協議会（日Ｐ）があります。ちなみに政令市のＰ連は直接日Ｐに所属します。

あなたのＰＴＡが日Ｐに所属しているかどうか、見分ける方法があります。それは、日Ｐの機関紙「日本ＰＴＡ新聞」が届いているか否かです。もしあなたのＰＴＡが日Ｐに所属しているならば、機関紙が４部ずつ届いているはずです。

また、ＰＴＡと似て非なる組織に、保護者会があります。これは保護者だけで組織されたもので、教師は会員に入っていません。しかし保護者会の性質も活動も、ＰＴＡと似ていると思われます。

ＰＴＡは任意団体？

ＰＴＡは任意団体である、と聞いた方は多いと思います。この見方は、正解ではありますが、ちょっと違うともいえます。

まず、任意とは、手元の辞書によると「相手から特定の指示を受けずに、自分自身の判断で何かを決めることができる様子」とあります。つまり、自分のことは自分で決められるということです。

任意団体は、日本国憲法 第二十一条「集会、結社及び言論、出版その他一切の表現の自由は、これを保障する」にある「結社の自由」の権利に基づいて作られます。つまり、好きなグループを好きな人と作ってもよいし、解散してもよい。好きなグループに入ってもよいし、抜けてもよい。グループとはこの場合任意団体で、近所のサークルやスポーツ少年団、推しのファンクラブから、仲間同士の勉強会まであります。要は、法人ではない団体です。

任意団体は、「私たちはこういうことをやりたいから、仲間を募って、ルールを自分たちで決めて」活動するものです。ファンクラブでは、会費を出す代わりに、チケットを優先的に手配してもらえるなどの特典があります。でも、いい席で観たいからといって、やたらたくさんチケットを申し込み、いちばんいい席のチケットを確保して外れチケットを転売するなんていうアンフェアなことが起きないように、枚数制限のルールを定めているところもあります。

このように、任意団体では、運営するにあたってのルールを自分たちで決めることができます。

ＰＴＡは任意加入の社会教育関係団体

「任意加入」とは、ある団体に自分自身の判断で加入すること・できることです。任意団体である、たとえば近所のスポーツサークルに、強制的に入ることはあり得ません。必ずご自身の意思で、またはお子さんがサークルに入りたいとあなたに頼んだ結果、入会申し込みを行うものです。サークルが加入していいよと認めたら、あなたはサークルの一員として活動できるのです。その場合、入りたいスポーツサークルがどんな活動をしているか、どんなルールで運営されているかの説明を受けたり調べたりすることは当たり前のことです。

任意加入ではない団体もあります。例えば弁護士会です。弁護士になる人は、法律によって弁護士会に加入しなければならないと決められています。弁護士会に加入し、そこを通じて日本弁護士連合会に弁護士登録をしなければ、弁護士として活動できないのです。

では、「社会教育関係団体」とはいったい何でしょうか？　そこらの任意団体とはちょっと毛色が異なります。ファンクラブとは違って、目的がちょっと真面目な任意団体ですね。

「社会教育関係団体」は法律用語です。社会教育法第十条「この法律で『社会教育関係団体』とは、法人であると否とを問わず、公の支配に属しない団体で社会教育に関する事業を行うことを主たる目的とするものをいう」と決められています。

社会教育に関する事業を行うというと難しく聞こえますが、技術の習得や教養を高めたり、生活を充実させたり、地域をよりよくしたりするために行われる学習活動や文化、スポーツなどの活動です。具体的には、公民館等を利用した習字サークル、コーラスサークル、料理サークル、スポーツ少年団、体操サークル、街づくりボランティア等です。

ＰＴＡが社会教育法上の社会教育関係団体であることを、私は内閣府に直接確認しました。２０１２年、私が仲間と一緒に行ったネット署名、「ＰＴＡの入退会自由に関する請願書」を内閣府に提出し、20分間の説明を行った時のことです[1]。

しかし、社会教育法を確認すると、社会教育関係団体の例は具体的には載っていません。ＰＴＡが社会教育関係団体だ、というはっきりとした証拠は、分かりやすいところにはないのです。ですからＰＴＡを結成・解散するところの法的根拠は、憲法第二十一条の「結社の自由」になると考えられます。ならばなぜ、ＰＴＡは社会教育関係団体と言い切れるのでしょうか？　それは、ＰＴＡが社会教育法の立法趣旨に沿っているからなのです。ＰＴＡは社会教育法の第二案の時に、社会教育関係団体の例として載っていました[2]。ですから、ＰＴＡは社会教育法第三条にある「すべての国民があらゆる機会、あらゆる場所を利用して、自ら実際生活に即する文化的教養を高める」場の一つなのです。

ちなみに、ＰＴＡを結成したり、ＰＴＡに加入したりすることを義務付ける法律は一つもありません。ＰＴＡが結成されていない学校も、実際にあります。ＰＴＡに加入していない友人や知り合いは、筆者にはたくさんいます。そして、筆者もＰＴＡに関わることのできる最後の1年2か月は、思うところあって非会員になりました。「ＰＴＡは入退会自由」は、本当のことなのです。ＰＴＡは義務ではありません。入退会自由は、ＰＴＡを改善して、魅力あるものにしていくためのスタートラインなのです。

[1] ＰＴＡの入退会自由に関する請願書」の請願文ならびに署名と同時に寄せられたコメントについては、本書にも一部収録していますが、冊子が国立国会図書館に寄贈されているので、ご興味ある方は複写を取り寄せてご覧になってみてください

[2] 横山宏編著　小林文人編著『社会教育法成立過程資料集成』1981、昭和出版、p.75-76

PTA規約の法的位置づけ

図1をご覧ください。日本では、憲法を頂点として、法律、政令、省令があります。これは国が定めるものです。法律は国会が定めます。政令・省令は法律の委任に基づいて、内閣や各大臣が新たに作る決まりや命令のことです。これらをひっくるめて法令と呼びます。法令は、法律や命令等を合わせて呼ぶものとお考えください。

一方、条例は地方議会で作る決まりのことであり、規則等は地方自治体の知事や区長・市長・町長等や委員会がその権限の範囲内で定めるルールです。国でいうと、政令や省令にあたります。

なお、図1では国際条約が憲法の外側にくっついています。国際条約が憲法の上に当たるかどうかは、議論が分かれています。ただし、国際的なルールが定められていて日本がそれを批准している以上、日本国政府はそれを守るべきですし、私たちはその精神を理解して行動するべきだと考えます。ＰＴＡに関係する条約としては、子どもの権利条約、世界人権宣言があげられます。

次に、法令と条例の関係を説明します。憲法第九十四条では、「法律の範囲内で条例を制定することができる」とあります。さらに地方自治法第十四条では、「法令に違反しない限りにおいて（中略）条例を制定することができる」とあります。つまり、地方自治体は、法令という国のルールに違反した事業を行うことはできないのです。

ＰＴＡの場合はどうでしょうか。ＰＴＡは任意加入の社会教育関係団体で、日本国内で活動している以上、法令や条例に違反してはいけません。ＰＴＡに関係する法律を全部調べてそれを守ることはとてもめんどうで難しいですし、厳密なルールが全国共通で認められているものでもありませんから、ＰＴＡの運営方法はそれぞれの本部役員の解釈に任されていて、幅があるのが現状です。

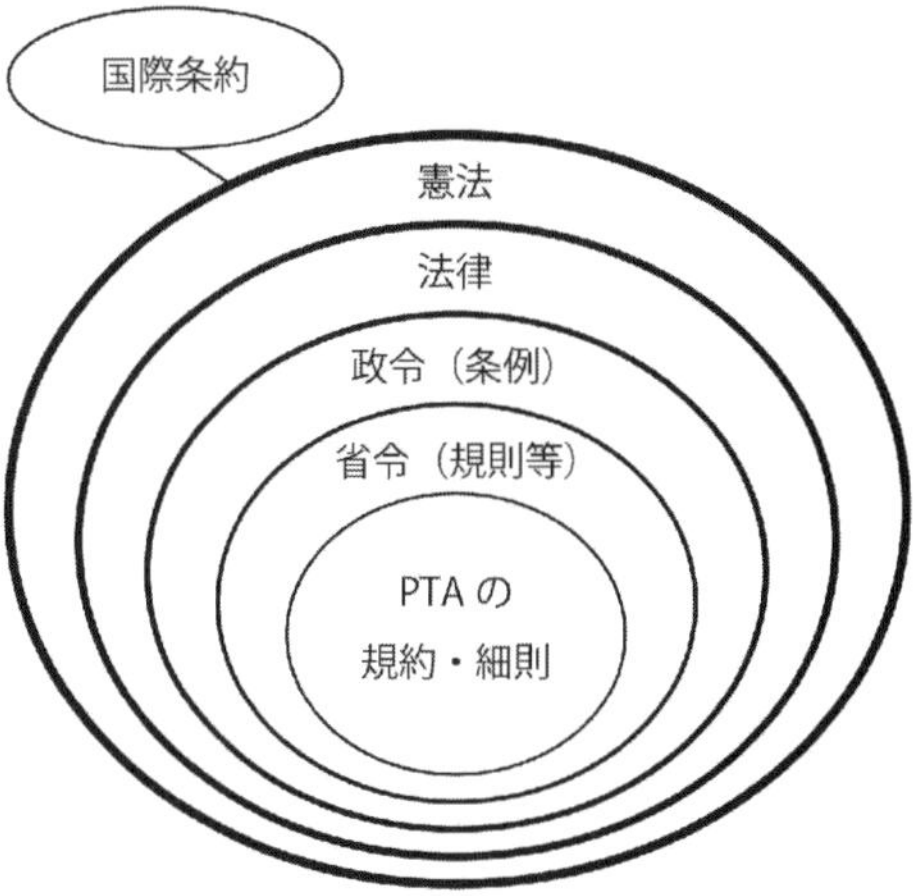

法令の階層構造と PTA 規約の関係

※ () なしは国、() 内は地方自治体が定めるもの

※ PTA 規約は、法律や条例を守る

図１「PTA規約の法的位置づけ」

ただひとついえるのは、ＰＴＡを義務化する法律がないことや、個人

情報保護法を守らなければいけない団体にＰＴＡも含まれていること、いじめを行ってはならないという倫理などを考え合わせると、私たちがＰＴＡでやるべきこととして、出てくる答えは決まってきます。本書の目的の一つは、その答えを示すことです。

原点に注目したPTAの歴史

もともと日本の学校は、住民が運営していた寺小屋までさかのぼります。明治時代になり文部省が学校を制定したとき、府県に国庫からお金を下ろしました。しかしそれはとても充分な額ではなく、学校設立と運営のお金は基本的に地方住民が出していました。ですから、第二次世界大戦前、学校を支える組織が日本にありました。「後援会」「父兄会」「母の会」などと呼ばれる組織は、お金と人手を出していました。また、少なくとも大阪では、一つの学校につき二つの支援組織があり、男女別だったそうです。これらの組織や、戦後すぐの混乱から子どもを支えたい気持ちを持つ人々が、ＰＴＡの母体となりました。

ＰＴＡは、第二次世界大戦後、日本の占領政策にあたったＧＨＱ（連合国軍最高司令官総司令部）によってアメリカから輸入された仕組みです。それまでの軍国主義教育から民主的な教育に変えるため、社会教育の一環として取り入れられました。子どもがせっかく軍国主義教育から民主的な教育を受けることになったのに、大人の価値観が軍国主義のままでは、元も子もありません。当時の最先端な考え方を基にして、大人も民主的になってもらおうという目的があったのです。そのためには男女平等は外せませんし、人は対等であり発言権は平等で、地域ボスによる行政支配から脱することも含まれます。

1946年（昭和21年）3月に、アメリカ第一次教育使節団が来日、日本の軍国主義教育である教育勅語や修身等の廃止を報告書で打ち出しました。また、男女共学制で無償の義務教育を9カ年行うことや、教師の教育を提案しました。この報告書の中に、成人教育が重要なものとして触れられています。日本が民主主義国家になっていくなかで、国民ひとりひとりに、政治を動かすという大きな責任がもたらされるからです。図書館、博物館、高等教育とならんで、「父兄教師会の強化、討議や公開講演の為に学校建築物を開放する」と、PTAの原型ともいえるアイデアが報告書に記されています。

1946年（昭和21年）、GHQのCI&E（民間情報教育局）は、文部省社会教育局にPTA設立を促し、翌1947年に『なぜ育友会は戦後の日本に必要か?』というパンフレットを発行しています。このパンフレットには規約の原型が紹介されています。

何点か興味深い項目がありますので引用します（太字は筆者）。

一　なぜ育友会は戦後の日本に必要であるか。

・私達の子どもを再び戦争目的のギセイに供しないために。

・少数の政治家にだけ全青少年の教育を牛耳らせないために。

・先生と親たちが手をとつて教育を改善し、教育改革を成就するために。

・私達の子どもの教育のために、**より多くの財源と、よりよき施設を要求する私達の主張を政府にきゝいれさせる**ために。

・教育委員会に、教育に関心をもち民主的な教育制度を管理する能力ある人を選ぶために。

・教育の中央集権的支配を打破するために。

二　育友会とはいかなるものか。

・育友会への**入会は随意**であり、貧富、社会的地位の如何を問はず、いかなる人も此に入ることができる。

・育友会の会員は利己的でなくて、**すべての子どもの幸福を目指す**活動に喜んで奉仕する人達でなくてはならない。すべての子どもが健康で幸福にならない限り、自分の子ども丈け健康に幸福にさせることはできないから。

・育友会は**階級、社会的地位、男女の別に拘らず、すべての人達に、楽しい健全な雰囲気**の中で相互の協力と娯楽の機会を与へる。

・育友会は学校と家庭の両方をして、**デモクラシーといふ唯一の原理にもとづいて**子ども達の幸福増進をはからせる。

（出典：『日本PTA史』PTA史研究会編、学術出版会）

戦後の混乱期・教育制度改革期ならではの内容もありますが、今なお、いえ、政治がきな臭くなってきた今だからこそ、通じる部分は多いと思います。

『なぜ育友会は戦後の日本に必要か？』と同時に発行された、『両親と教師の会　仮称育友会規約及附則』というパンフレットもあります。面白いのは、「役員の資格」の項目があり、「進んで改革を行う人」「会員一人々々から色々の考えを導き出す能力のある人」「民主主義に関し徹底した理解のある人」と明記されていることです。このころは、GHQがPTA導入の旗を振っていました。

さらにこのころ『育友会　発足のしかた』というパンフレットもGHQ／CI&Eは発行しています。1946年8月から、ぽつぽつとPTAが結成され始めています。

国会図書館憲政資料室の資料によると、当時、ＧＨＱと文部省が手を携えてＰＴＡ結成にあたっていたことが分かります。県別にキーパーソンを選定したり、地域の有力者を訪れたり、ＰＴＡ紙芝居を使って啓蒙したりしています。

１９４７年（昭和22年）、社会教育連合会編『父母と先生の会―教育民主化への手引―』という冊子が全国に送付されました。作成にあたった社会教育連合会は、戦前にあった大日本教化報国会を改組したもので、ＧＨＱ／ＣＩ＆Ｅ社会教育担当官ネルソンが補助金交付のあり方を見直し、地方分権をめざした日本の組織です。

『教育民主化への手引』の内容は、ＰＴＡの趣旨と目的、結成のお誘いと結成のやり方、運営のしかた、経費の作り方、ＰＴＡができるとどんなメリットがあるかを解説しています。メリットは15項目もあって、一粒でなんどおいしいのＰＴＡ、という感じです。日本人が主体になって編集したからでしょうか、メリットの部分は、私たちがこうするという主体的な視点ではなく、父母と先生の会によってこうなるという自然発生的な視点で書かれているのが、興味深いところです。

『教育民主化への手引』が発行されてから、ＰＴＡの結成は急速に増えていきます。１９４７年、おそらく年末ごろには、ＰＴＡの結成率は全国の学校のうち9割に上りました。

最初にＰＴＡが結成されてから2年の間に、またたく間に広がったのです。ただし、お上に言われて結成を急いだため、ＰＴＡがどんなものかの理解が深まることなく、従来あった学校後援会の看板を掛け変えただけというところが多かったようです。そして、その問題を令和の現在まで引きずっているのです。

１９４８年（昭和23年）、「父母と先生の会参考規約（第一次参考規約）」が文部省より全国に配布されました。その1カ月前には、ＧＨＱの担当官に第一次参考規約が配布されていますから、素案はＧＨＱが作成したものと思われます。これは、ＰＴＡの目的を具体的かつ明確に示しており、令和の時代にも通用するものです。のちに改められる第二次参考規約より分かりやすいくらいです。また、ＰＴＡの独立性をうたっており、他の営利的・宗教的・政治的団体とは関係ないことが明記されています。

このころ、ＰＴＡの全国組織を作る動きがありました。最初に起きた自発的な動きはＧＨＱと文部省によって封じられたそうです。並行してＧＨＱ社会教育担当官ネルソンの指導により、準備団体の会則案までが作られましたが、内容は見直されました。１９５１年（昭和27年）5月に第二回準備総会が行われ、活動方針が定まり、準備が進められました。ＧＨＱ撤退後の１９５２年（昭和27年）10月に結成大会が開かれ、日Ｐの大元である「日本父母と先生の会全国協議会」が発足しました。

最近までのPTAの歴史

１９５２年（昭和27年）４月、サンフランシスコ講和条約が締結され、ＧＨＱは日本から撤退します。その後は文部省が、ＰＴＡを指導していきました。

このころ、ＮＨＫラジオで「ＰＴＡの時間」という番組が放送されていました。文部省ＰＴＡ審議会に出席した女性たちが交代でパーソナリティとなり、各地から選ばれたＰＴＡ関係者からの質問に答えていたのです。

１９５４年（昭和29年）２月、文部省は「小学校『父母と先生の会』（ＰＴＡ）参考規約」（第二次参考規約）を配布します。これが現在のＰＴＡ規約のお手本となりました。第二次参考規約は目的の部分を中心に簡素化されました。

第二次参考規約は、ある意味で、第一次参考規約より後退しました。例えば10項目にわたって具体的に示されていたＰＴＡの目的が、５項目に圧縮されています。図２に示すのは、１９５３年12月号の『文部時報』抜粋です。ＰＴＡ参考規約の目的のうち、第一次にある５項目を第二次では３項目に圧縮してあります。

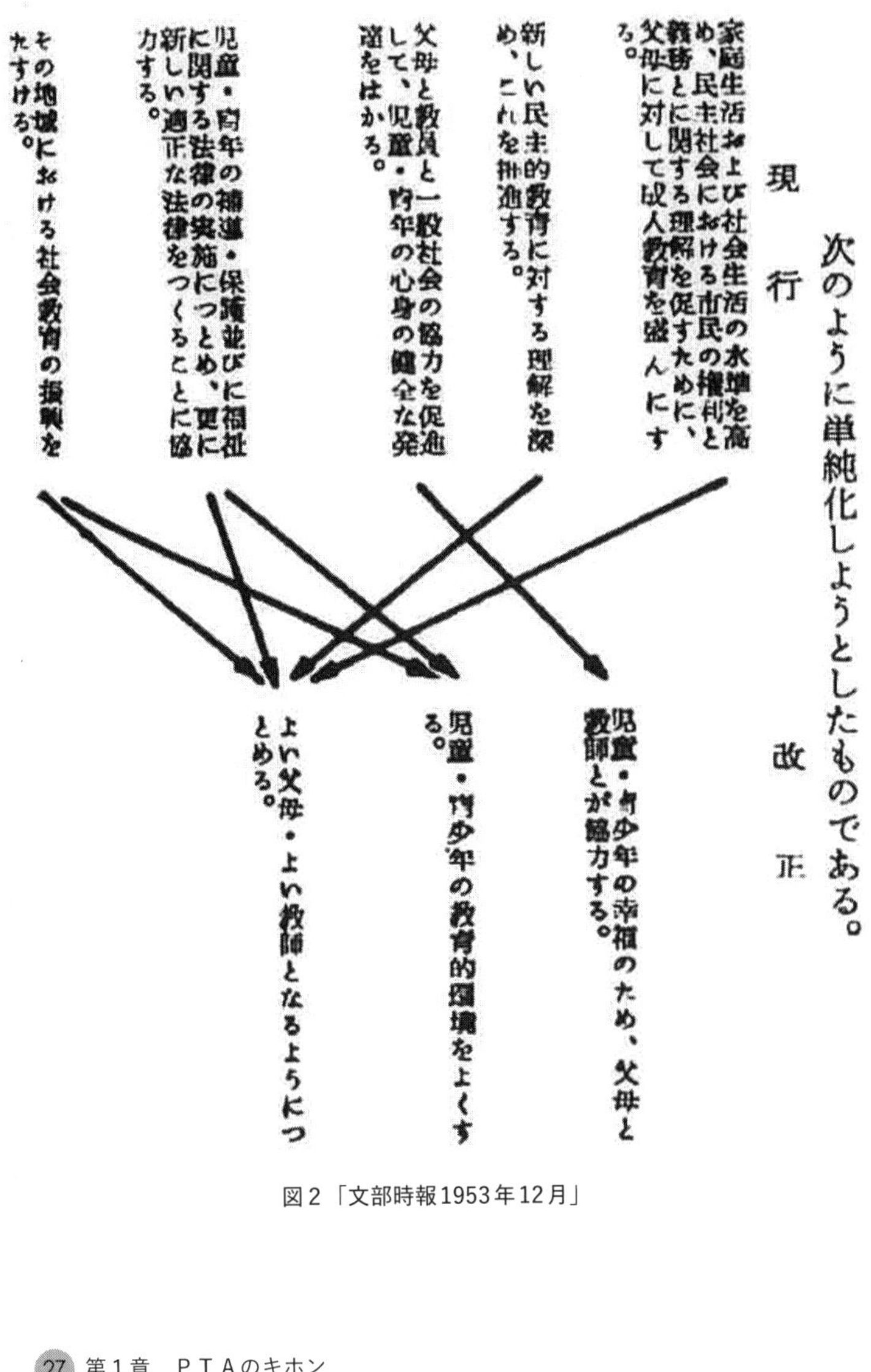
次のように単純化しようとしたものである。

現行
家庭生活および社会生活の水準を高め、民主社会における市民の権利と義務とに関する理解を促すために、父母に対して成人教育を盛んにする。

新しい民主的教育に対する理解を深め、これを推進する。

父母と教員と一般社会の協力を促進して、児童・青少年の心身の健全な発達をはかる。

児童・青少年の補導・保護並びに福祉に関する法律の実施につとめ、更に新しい適正な法律をつくることに協力する。

その地域における社会教育の振興をたすける。

改正
児童・青少年の幸福のため、父母と教師とが協力する。

児童・青少年の教育的環境をよくする。

よい父母・よい教師となるようにつとめる。

図２「文部時報1953年12月」

私はこの図を見て、第一次参考規約ではPTAでの目的は私たちがするべき行動として具体的に示されていたものが、第二次参考規約では精神論に落とし込まれていて、なんだか戦前のノリに戻ったようだと感じました。みなさんはどう思われるでしょうか。

しかし、第二次参考規約にはよい面もあります。第一次・第二次参考規約には、それぞれ会員の決まりがあります。PTA会員になれるものとして、それぞれ表現スタイルの差はあっても共通して書かれています。

「本会の会員になることのできるものは、学校に在籍する幼児、児童、生徒の父母またはそれに代わる人（以下父母という）、学校に勤務する校長および教員（以下教員という）とし、会員はすべて平等の権利と義務とを有する。その地域に在住し、特に教育に関心を持つものは、希望により入会を認められる」（第一次参考規約第三章第十条）

「この会の会員となることのできる者は、次のとおりである。一・〇〇小学校に在籍する児童の父母またはこれに代る者。二・〇〇小学校の校長および教員。三・この会の主旨に賛同する者」（第二次参考規約第四章第六条）

特に注目すべきは、両規約共通の文言として、この会の会員と「なることのできる者は」、とある箇所です。
第二次参考規約には、巻末に備考として11項目の補足があります。その中の7番目に、「この会の会員と『なることのできる者は』」の解説があります。「この会の会員となる者は」とか「……ならなければならない者は」としないで、「……会員となることのできる者は」としているところに、「自由入会」の精神が示されています。以下、抜粋します。（太字は筆者）

PTAが民主団体である限り、**会員になることも、会員に止まることも自覚に基く個人個人の自由であつて、いささかも強制があつてはならない。**

この項目では、PTAの入退会自由をはっきりと示しています。しかも、PTA入会・退会にあたっては、ほんの少しの強制もあってはいけないとの注意書きがあります。また同時に、会員ひとりひとりの自覚に基づく自由な入退会をすすめています。PTAはみんなが入るからなんとなく入るものではなく、PTAがどんな団体であるかを理解して入会し、主体的に行動することが求められているのです。もちろん、おかしいと感じたりついていけなくなったり無理があったりしたら、自分の判断で自由に退会してもよいことをはっきりと示しています。この精神は、当然、現代にも通じるものです。

参考規約の解説をしていたら、歴史から少々外れてしまいました。ふたたび歴史に話を戻します。

高度経済成長期、令和の現代でも言われているような問題意識を持っている人がすでに現れています。重松敬一『PTA80の疑問』（医師薬出版　1959）には、こんなことが書かれています。

ごらんのとおりみるもあわれな財政後援会か、あるいはみるからに寒けがしてくるようなボスPTAができてしまったのです。といって、そうなったいっさいの原因を「ボス」や「寄付」のせいにするのは、中途半端な考えです。ボスをはびこらせ、寄付をゆるしたのは、私たち親や教師ではありませんか。むしろPTAを今日のような妙な不気味なものにしてしまったのは、私たち日本人の「ものの考え方」の結果なのです。このことを問題にしないで、PTAをつくり変えようとしてもムダです。（略）

父母も教師も心のなかでは有難迷惑に思っている今までの後援会PTAは無用だと思いますし、ボス支配を生みだすような形式や観念にとらわれた今までのPTAは、ぶちこわしたほうが、お互いにトクだと思っています。

ここに書かれていることは、思いっきり、私が日々ニュースやネットで見ているPTAの現状と重なります。PTA発足後のたった10年でこんな問題が指摘されているのに、それから約60年経った現在でも、まったく同じことがいえるのです。「私たち日本人の『ものの考え方』の結果」と、本で指摘されている通りだと思います。

さらに、車育子『旅する名前――私のハンメは海を渡ってやってきた』（太郎次郎社エディタス　2007）より、高度経済成長期のPTAの様子を紹介します。

坂の下の家庭は、経済的にも裕福とはいえなかった。私のまわりの家も同様で、父親の給料だけでは家計が苦しく、母親たちはみな、なんらかの労働に携わっている。PTAの役員を引き受けるのはいつも、坂の上の母親たちと決まっていた。

車さんは、あまり裕福とはいえない家庭が集まっている坂の下にお住まいでした。暮らしていくためには、父親だけの収入では足りず、ご両親はじめ同居のおばあちゃんをふくめて共働きをしていかないといけなかったのです。そんな状況で、お母さんはPTAの役員はとても引き受けられなかったのです。PTAの役員は、ゆとりのあるご家庭の母親たちが引き受けました。これも、長引く不況で、暮らしていくために共働きをせざるを得ない今の時代に通じます。

１９７０年代は、親の教育権にかかわる動きがありました。このころすでに「子どもが人質」である感覚が指摘されていて、ＰＴＡの懇談会では思ったことをしゃべれなかったそうです。しかしその一方で、有志が学校外で勉強会を結成し、子どものよりよい教育環境を得るため交渉したりしていました。

筆者の手元に、１９７２年（昭和47年）の奈良市ＰＴＡだよりがあります。こちらは回答者数６１９９人ものアンケート結果が紹介されています。興味深いのは、「ＰＴＡは任意加入団体であることを知っているか」という問いに対して、「知っている」と答えた人が55%もあったことです。「知らない」と答えた人は40%でした。ですが、実際は自動加入で、いつの間にかＰＴＡ会員になっているのが現状だから、ＰＴＡ加入方法については「今後に課せられた問題」であると、当時も指摘されていました。

１９８０年代後半のバブル期になると、ＰＴＡ活動は盛んになりました。経済にゆとりがあり、専業主婦が活躍していた時代だったからこそだと思います。

１９７０年～２００５年頃、全国ＰＴＡ問題研究会（全Ｐ研）という組織が活動していました。会報を通じて全国のＰＴＡ会員とつながり、ＰＴＡとは何かを考えたり、活発な情報交換をしたりしていました。

会報によると、当時のＰＴＡは女性には発言権がなく、発言した女性に男性から「黙っていろ」などと言われたケースがありました。また、ある会員の方は、ＰＴＡの基本として「ＰＴＡ会員になるかならないかは自分の意志で決める。ＰＴＡは任意団体である」「会長の権限は、会議の召集権ぐらいと思ったほうがいい」ということを講演会で主張していました。しかし、当時この主張はＰＴＡを壊すとして、一般には受け入れられませんでした。

ここ10～20年のＰＴＡを考える人たちの歴史

インターネットが普及してきた２００５年ごろから、個人のＰＴＡに関する考察がネットに載るようになりました。２００５年にとまてさんの『ＰＴＡ日記』が始まったほか、それより少し前に、つきぐまさんの『学校たんけん隊』が始まりました。いずれも個人のホームページで、いまでも確認することができます。中を読むと、令和の現在でもあるあるのPTAの困った面が記されています。

インターネット上でPTAについて議論が始まったのも、このころです。小説家であり『PTA再活用論』（中公新書　2008年）の著者でもある川端裕人さんのブログで、PTAについての体験や考察がしばしば投稿されていました。当時、川端さんは某小学校PTAで役員選出委員や副会長を務めていました。ブログのコメント欄では活発な議論が行われていました。

2009年（平成21年）、PTA問題を考える人のためのサイト『素晴らしいPTAと修羅場らしいPTA～Think! PTA!～』が発足しました。発起人は4人で、川端裕人さん、FJNさん、とまてさん、加藤薫さんです。筆者もロゴマーク等のデザインでちゃっかり協力しました。掲示板や資料集、PTAリンク集等を備えたサイトで、2015年ごろまでは議論や情報交換が活発に繰り広げられていました。筆者も掲示板に毎日通っていました。議論の内容は、PTAの法的位置づけの模索から、PTAと地域との関係、PTAの愚痴、はたまた子育ての相談まで幅広いものでした。掲示板は、2019年まで動いていました。（※編集注：2021年9月、とまてさんがサイトを立ち上げ直してくれました）

最大の特徴としては、PTAが任意か任意でないかという点が、世間一般との議論の争

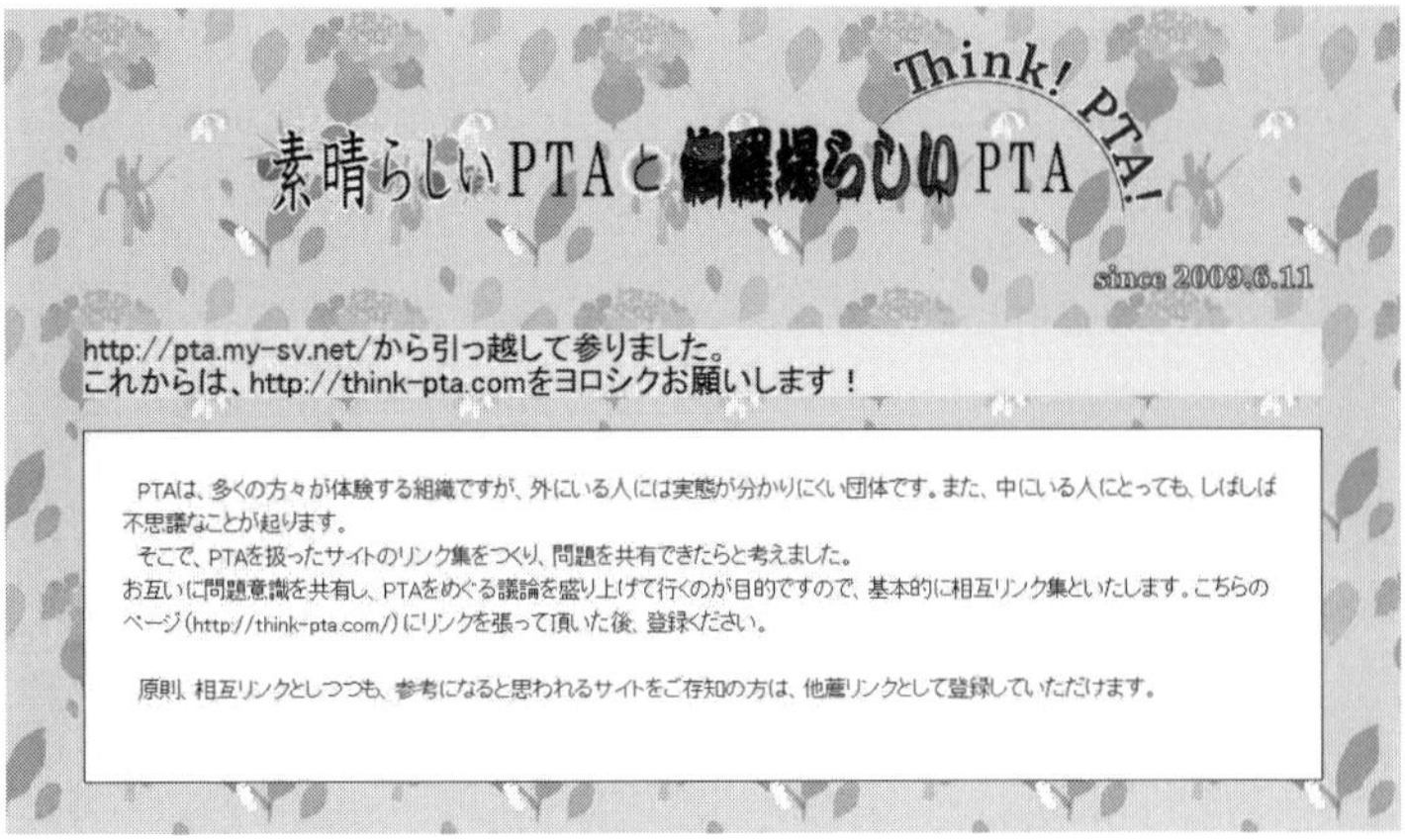

図３「素晴らしいPTAと修羅場らしいPTA〜Think! PTA!〜」
トップページ（部分）

点だったことです。当時、ＰＴＡは任意ではなく義務だという考え方が、一般的だったのです。

サイト『素晴らしいＰＴＡと修羅場らしいＰＴＡ〜Ｔｈｉｎｋ！ＰＴＡ！〜』では、他にもさまざまな取り組みがありました。先に述べた署名「ＰＴＡの入退会自由に関する請願書」も、このサイトで生まれたプロジェクトです。

２０１０年（平成22年）２月には、シンポジウム「これからのＰＴＡのあり方」が行われました。ここで発表された、ＮＰＯ法人教育支援協会が行ったアンケート結果が手元にあります。平成21年度文科省委託事業『保護者を中心とした学校・家庭・地域連携強化及び活性化推進事業』の『ＰＴＡを活性化するための調査報告』です。報告書には、アンケート結果とシンポジウムの議事録がくわしく載っています。

このアンケート回答者数は３２８５人です。全員がＰＴＡ会員か元ＰＴＡ会員、全国の主要都市に住んでいる人です。そのうちＰＴＡ委員・役員経験者は２５７４人、それ以外のＰＴＡ会員が６９５人でした。さらに、２５７４人のうち委員・役員経験回数２～５回の人は１５２４人、６回以上の人はなんと３７８人もいました（全体の約58％）。つまり、このアンケートは、ＰＴＡに詳しい人ばかりが回答しているのです。

アンケートの「ＰＴＡに入会するときの入退会の説明について」という問いに対して、「入退会は任意で自由であることとの説明があった」と答えた人は17％、「説明はなかったが、入退会は自由であることを知っている」と答えた人は25％、「説明はなく、入退会が自由かどうかは知らない」と答えた人は50％、残りの８％は未回答です。ＰＴＡの入退会が自由であることを知っていた人の割合はＰＴＡに詳しい人でも42％でした。ＰＴＡの任意性は、知る人ぞ知る事実だったといえそうです。

シンポジウムでは、教育者の基調講演やアンケート結果の発表の他、会場を交えたＰＴＡに関する議論がありました。筆者も、川端裕人さん、ＦＪＮさん、加藤薫さんとともに参加しました。とてもフラットな雰囲気だったのを覚えています。登壇者のお一人である元文科省官僚の寺脇研さんは、新しい試みの一つとして、シンポジウムの様子をガラケー（当時ですから）でツイッターに投稿していらっしゃいました。

シンポジウムの場で、川端さんから、ニュージーランドに半年住んで、保護者スクールコミュニティの事情を見たという話がありました。「強制のないところにはボランティアが花咲く」という実例がたくさんあったそうです。ＰＴＡは任意か任意でないかといったら、任意であるという確認もでました。最後には、文科省官僚の神代さんから「文科省としては少なくとも教育委員会の職員と校長に対しては、ＰＴＡは任意加入だということをきっちり広めるために一歩でも二歩でも努力したいと思います」との約束がなされました。教育支援協会の吉田博彦代表理事は、「義務的参加が相当あることが、今のＰＴＡ活動の様々な問題点につながっている」とまとめました。

このシンポジウムの様子は、「ＰＴＡ、実は入退会自由」という見出しで２０１０年（平成22年）２月21日に新聞報道されました。余談ですが、この記事は、のちの熊本ＰＴＡ裁判の原告に影響を与えました。

この後、文科省から２０１０年４月26日に「平成22年度優良ＰＴＡ文部科学大臣表彰について」という事務連絡が各都道府県教育委員会あてに出されました。これは、「ＰＴＡが任意加入の団体であることを前提に、できる限り多くの保護者と教師が主体的にＰＴＡ

活動に参加できるよう組織運営や活動内容の工夫をしている団体を適切に評価できるようにする」ための通達です。

2010年8月には、東大にある福武ラーニングシアターで有志が「フォーラム　PTAは『新しい公共』を切り拓けるか」を開きました。登壇者は、元文科省官僚で京都芸術大学教授の寺脇研さん、秋津コミュニティ顧問の岸裕司さん、作家の川端裕人さん、元文部科学事務次官の前川喜平さんの部下の方（前川さんが登壇予定でしたが、当日都合がつかず急遽代理で部下の方が登壇されました）、世田谷区立小学校PTA連合協議会元会長の宮澤美智子さんでした。

PTAの目的

さて、ここまでしばしPTAの歴史を遡ってきましたが、このあたりでもう一度、PTAそのものに立ち返って考えてみたいと思います。

PTAの目的とはなんでしょう？　という問いに対し、みなさんの頭に最初に浮かぶのは「子どものため」ということではないでしょうか。

ＰＴＡの存在意義、それは「子どものため」であることは間違いありません。だけれどそれだけでは足りません。

「子どものため」はパワーワードすぎて、だれも反対できないものです。下手をすると、ＰＴＡを強制するパワーワードとして使われがちです。「子どものために動けないあなたは、親として失格だ」といわんばかりです。筆者としては、それだけは避けたいところです。

では、「子どものため」を掘り下げてみると、いったい何があるでしょうか。

・児童生徒の健全な成長を実現するため
・健全な成長を実現するために、環境を整える
・環境は、家庭、学校、地域

これらのことは、教育委員会がＰＴＡ向けに解説しているサイトやパンフレットなどにもよく出てくるフレーズです。

児童生徒の健全な成長とは、いったい何でしょうか。筆者は、「子どもが笑顔でいられること」「子どもが生き生きと暮らせること」「子どもが学習に打ち込めること」だと考えます。自分の子だけでなく、その友だちも、クラスメイトも、周りの子も、自分の学校に

通う子どもすべてを含みます。

家庭環境を整えることの一つは、子どもが悩んだ時に支えられる親になることだと思います。それも過干渉になることではなく、子どものほうから相談したくなる親になることが大切です。こういう親になるためにはどうすればよいのか、スクールカウンセラーの話を聴く場を設けたりするなど、PTAができることの一つだと思います。

衣食住を含め暮らしの環境を整えるなど生活のための努力をするのは当たり前です。PTAとは関係なくみなさん行っておいでだと思います。むしろPTAよりこちらを優先しているのではないでしょうか。

では、学校の環境を整えるとはどんなことか。例としてあげると、学校の花壇を整えたり校内清掃をしたりすることです。これは見た目にも分かりやすいので、誰もがうなずくことでしょう。これらの活動を行っているPTAもけっこうあるはずです。

その他にも、今関明子・福本靖共著『PTAのトリセツ〜保護者と校長の奮闘記〜』(世論社　2019)の例があります。学校の、目には見えづらい環境を整えるために、ある中学校ではPTA運営委員会の場を利用して、保護者と校長先生等学校の管理職が、直接意見交換をしています。たとえば、成績のつけ方に先生によって偏りがあって、ある先生は5を多くつけるが別の先生は少ないとか、目立つ子だけでなく目立たない子にも活躍の場や居場所を設けてやってほしいとかという意見・要望に、管理職の先生が、詳しい理由や対応を直接説明したりしています。

こういった活動によって、保護者と先生の距離がいい意味で近くなり、学校運営の保護者側の疑問を解消できることは、とてもいいことだと思います。

地域の環境を整えることの一つは、通学中の子どもを地域の人がさりげなく見守ってくれること。これは、子どもを温かい目で見守ってくれる大人が増えるのはいいことだという考えに基づくものです。もう一つは、一歩進んで、地域の方々が総合学習の時間や夏休みを利用して、子どもたちに大工仕事や絵手紙、お琴、昔の体験話、絵本の読み聞かせや素話などなど、学校のカリキュラムだけでは学べない体験を提供することです。地域の特色として盛んなところもあります。

「子どものため」は、こういった活動を教職員と保護者がともに学びながら何をすればいいか考え、その土地や時代の求めに応じて行っていくことでもあります。

大人の学びのため

ＰＴＡの目的は、「子どものため」だけではありません。実は「大人の学びのため」もＰＴＡの大きな目的だと、筆者は考えています。例えば次のようなことです。

・大人同士で学び合う
・子どもに背中を見せて、お手本になるような大人になる
・ＰＴＡ運営を通じて、民主主義を学ぶ

大人同士で学び合うこと。よくあるのは家庭教育学級や人権教育などの講演会です。ただし、興味がない人や都合が付かない人を無理やり動員するのではなく、本当に興味がある人が参加するのが一番です。あと侮れないのが、自分たちで講演会や勉強会を企画して開催することです。これはとっても学びになります。まずテーマを考えて、講師を探して手配し、打ち合わせをして準備して、ＰＴＡ内で広報して参加者を募り、開催します。開催後には、記録を取った中から開催報告のお便りを出して、反省会までやって次回につなげる工夫を考えます。これはとてもいい経験になると思います。

筆者の住んでいる世田谷区のPTAでは、小学校中学校ともに区から予算が降りて、保護者対象の家庭教育学級と、教職員・保護者対象の単P研修を開催しています。単P研修は、授業を終えた先生方も参加していました。ある年の単P研修では、PTA会員のなかでeーラーニングで学んでいた方が大学から先生を呼んできました。「教える技術」というテーマでした。心理学をベースとしたとても面白い話で、場の緊張をほぐすクイズあり、所々で周りの人と答えを相談するワークショップありの構成でした。もちろん動員はありません。保護者と教員併せて、50人以上が参加していたと記憶しています。笑いの絶えない研修会でした。

子どもに背中を見せて、お手本になるような大人になるため。

こう書くと、ちょっと肩ひじ張ってしまいますが、気楽に考えてください。立派な大人になれというわけではなく、せめて恥ずかしくないくらいの大人であろう、ぐらいのつもりでいいと思います。

PTAに一生懸命になりすぎるあまり、強制が過ぎて大人のいじめに発展する例が見受けられます。下手をすると、非会員の子どもにはプレゼントをあげないだとか、非会員の子どもを登校班に入れないだとか、大人が子どもをいじめるケースがあります。そんなことは皆さんにはしてほしくないのです。また、PTAに熱心すぎる親の子が、PTAに疑問や意見を出した親の子をいじめるといったケースを聞くこともあります。

本来、「子どもの健やかな成長を応援するため」が役割のPTAで、応援対象であるはずの子どもをいじめたり排除したり差別したりする、こんなことは本末転倒だと思いませんか？

PTA運営を通じて、民主主義を学ぶため

PTAの隠された真の目的ともいえるのが、こちらです。物事って、勉強するだけでは身に付きません。体験して初めて身に付くものだし、腑に落ちるものです。民主主義を実際に使いながら身に付けていく場が、PTAだと考えています。

でも民主主義ってなんだろう？　公民の授業で習いはしたし、日常的に見かける言葉でもあります。民主主義とは、自分たちのことを、自分たちで多くの人の意見を聞いて、自分たちで決めていくこと。守るべきルールを納得しながら決めていくこと。どんなことをすればよりよくいられるか、常に考えて時には見直すこと。多数決をする場合には、充分な情報を仲間内で共有して、とことん話し合ったうえで行うこと。そういうことだと考え

ています。

そのためには、私たち一人一人が自分の頭でものを考え、自分の意見をしっかり持って、きちんと自分の意思を示していく必要があります。つまり主体的に行動できる大人になろう、ということです。この価値観は、どちらかというと西欧的なものです。戦前までの日本では、お上のいうことが絶対で、親と先生の言うことは間違っていても聞いておけ、という考えが主流でした。戦後75年が経っても、こういった東洋的な価値観が幅を利かせている現状があります。とっても残念です。

今の子どもたちは、正解がなかなか出ないこれからの時代を生きていくため、詰め込み教育から脱皮し、自分の頭で考え、問題を発見し、解決していく教育を受けられるように文科省が学習内容を定めています。そのとおりに進めば、よりよい社会ができてくるかもしれません。

私たち大人も負けていられません。

令和の時代になって、これからのPTAをどうしていきたい？　どんなPTAだったら子どもも大人も幸せになれる？　と考えてみてください。周りが理解してくれなかったら、話し合ってみてください。うまくいかなくて悩むのもまた、PTAの目的ではないかとすら私には思えてきます。そして、いい状態を作り上げていくことそのものが、民主主義の訓練だと思います。

最後に、ＰＴＡの目的としてあなどれないのがこちらです。

・ご縁をつなぐため

・親同士のネットワークを作るため

どちらも似たようなものですが、ご縁には学校・保護者・先生・地域などを含めて考えています。たとえば筆者は、ＰＴＡや読み聞かせボランティアで学校に行ったついでに、廊下で担任の先生と偶然出会って1分ほど時間を頂戴し、子どもの相談をしたことが何回もあります。

また、ＰＴＡは同じコミュニティに住む者同士が、目的を果たすために集まり、ともに活動していきます。日ごろいい関係を築いておけば、災害時にも役立ちます。東日本大震災のとき、仙台市の教育委員会が避難所のアンケートを取ったところ、日ごろＰＴＡでいい関係を築いていた学校ほど、避難所の雰囲気もよかったとの結果が出たそうです。

親同士のネットワークについては、そのよさを実感している方も多いことと思います。ＰＴＡで集まったとき、雑談のついでに普段家では見られない子どもの様子を聞けたり、ちょっと年上の保護者から学校の情報を聞けたりもします。これを目的にした学級懇談会を行うＰＴＡもあります。

これらのことを考えるとＰＴＡはけっして子どものためだけでなく、私たち大人のためでもあるといえます。

失敗しないPTA改革

加藤さえ子／埼玉県伊奈町立小針小学校でPTA副会長を3年、会長を3年。加入意思確認（入退会届）や給食費同時引落に関する同意書の徹底、手挙げ方式の役員決めを導入し、前会長時代も含め3年近い年月をかけてPTAを適正化した。その後は、埼玉県やほかの市や町の教育委員会等の依頼を受け、県内各地でPTA改革・適正化の方法を伝授してきた。

石原慎子さんのご逝去を悼み、謹んでお悔やみ申しあげます。2019年初秋の頃から連絡を取り合っていましたが、いつか、いつの日か、PTA改革についてじっくりとお話をしましょうね、というお約束が果たせぬままとなってしまったことに、後悔の気持ちでいっぱいです。自校のPTA改革が進んだ今、私は悩み苦しんでいる様々な学校のPTAさんに寄り添いつつ、今自分にできることを精一杯伝えていきたいと思っています。石原さん、どうか見守っていてくださいね。

自校のＰＴＡ改革に至るプロローグ

「今まで毛嫌いしていたＰＴＡだけど、世代を超えた友だちができるし、何よりこんなに楽しくて充実した活動ならば、もっと早くにやっていればよかったです」

これは、ＰＴＡ一大イベント〝小針小フェスタ〟を終えた直後、まだ片付けも忙しい時間だというのに、イベント担当の保護者の方々がＰＴＡ会長だった私にわざわざ伝えてくださった、一生忘れられない嬉しい言葉のひとつです。

こういったＰＴＡを挙げてのイベントは、子どもたちにとって楽しみの一つでもあるため「継続してほしい」という意見が大多数ですが、その分、活動のボリュームが大きいこともあり「やりたくない活動」の第1位だったりもしています。これは、私たちが行ったアンケートでも数字として表れており、「このままではダメだ、担い手が減る一方だ」と、より適正化のスピードを上げるきっかけになりました。

もともと、分からないことをそのままにできず、特に違和感のある活動については、その活動の目的や意義がはっきりしない限り、その活動には着手したくないといった性格がゆえ、「適正化をしない」という選択肢はありませんでした。とにかく「参加したいと思えるＰＴＡ」に早急に変える必要があると、ＰＴＡ副会長2年目になると同時に、時を移さず実行に移りました。

ＰＴＡの適正化とは、学校によって様々な活動があるので一概に「こうしたほうがいい」というお話はできません。が、根っこの部分は同じです。今回は、ＰＴＡへの参加は任意であること、個人情報保護法に基づき運営されていることは大前提で、適正化をより成功に導くための流れをお話しします。

ＰＴＡ改革を成功に導くために

現在、私は県内いくつかの教育委員会から、また単Ｐから、適正化に向けてのたくさんの相談を受けています。このようなご依頼をいただくようになったのは、県ＰＴＡ連合会主催の研修で研究発表をする機会をいただき「ＰＴＡってみなさんやりたいですか？」という、今までにない切り口でＰＴＡ改革について講演をしたことがきっかけでした。また、いくつかの新聞社からの取材を受け、それをきっかけとしてラジオで取りあげていただいたこともあり、県内多くの方々に、小針小のＰＴＡ改革について知ってもらえたのだと思います。様々な学校のＰＴＡについての悩みを聞いていると、地域特有の事情は別として、ＰＴＡ改革が成功した学校と、なかなか進展のない学校とを見てきて、ひとつの法則があることに気づきました。

その法則とは「ＰＴＡ改革の成功＝より多くの保護者の理解と協力を得られること」と

仮定した上での話になりますが、活動を減らすことだけを重点的に進めている学校は、必ずしも成功に至っていないということです。

みなさんは、ＰＴＡ改革というと、どのようなことを考えますか？

活動内容を見直し、廃止したり、やり方を変えたりすることを一番に考えるかと思います。もちろんそれも重要ですが、それだけでは「改革」には至らないということを、多くのお話を聞いて深く思いました。なぜなら、どんなに活動を精査しても、活動に従事する保護者の気持ちが変わらなければ、不平不満は止まらないからです。ハード面の改革のみが先行してしまうと、これから役員をやろうと思っている方は「ラッキー！　楽ができる！」と思うかもしれませんが、ＰＴＡ経験者の立場になると「活動が減ってずるい」に変換されます。どちらにしろ、実に悲しい声だと思いませんか？

そこで私たち小針小ＰＴＡ役員は「ソフト面、気持ちの面」と、「ハード面、活動内容の見直し」の両方を同時に行ってきました。それらがどういったものか、ご紹介します。

ソフト面：気持ちの面の改革

まずはソフト面です。気持ちの面の改革についてです。アンケート結果からみえてきた「やるしかないという義務感」と「やらされているという強制感」。そして「やらない人・

出席しない人がいるといった不公平感」を取り除かないといけません。
そこで私たちは、4つのテーマをもとに動きました。

1・無理をすると「愚痴や文句」になるので、「無理にやらなくていいよ、ほどほどにね」ということ

「仕事の都合で部会を欠席、翌月こそはと思っていたら子どもが熱を出してまた欠席」などということは、誰にでも起こりうることです。だからこそ当然の如く「お休みをする」と伝えましょうということです。「出席しない（できない）人に対する不公平感」はよい流れを生み出しません。部内に担当や学年ごとのグループを作り、情報を共有することで、自然と皆でカバーし合える環境ができていきます。

2・「無理なプランニングはしなくていいよ」ということ

その年その年で、専業主婦が多かったり有職者が多かったりと状況が違うので、開催回数や時間は部や活動内容によって自由にして、オンライン会議も活用しようということです。活動内容を細分化してのミーティングであったとしても、部内でしっかり情報共有していれば「仕事を休んででもやるしかない」といった義務感は拭えるというわけです。

3・「何部が楽？」ではなく「何部が自分に合っている？」という視点で活動を選ぶと

いうこと

保護者の皆様から一番多くいただく質問が「何部が楽?」でした。この質問の意味、分かりますか? この言葉で気が付いたことがふたつありました。ひとつは、いかに今まで情報開示ができていなかったかです。その部がどんなことをしているのか、多くの保護者はよく理解していなかったということです。そしてもうひとつは、「しょせん他人事」なんだなということです。これでは活動の質が上がるわけがありません。

そこで私たちは、情報開示をこと細かく行いました。例えば、今年はどのような活動があるのか、過去と比べてどのようにやりやすくなったかなど、一目で対比できるような一覧を配布しています。また、何部が合っているかわからない人もいる可能性があるので、イエスノー形式のフローチャートを作りました。こうすると「仕事があってもこれならできる」「PCが得意だから（苦手だから）この部にしよう」など、それぞれに合った活動を選ぶことができるのではないでしょうか。

4・前年踏襲にとらわれるのではなく、常に新しいことにチャレンジしてよいということ

往々にして、PTA活動では「去年はこうだった」「今まで通りやって」という前年度踏襲の言葉が飛び交いますが、必ずしもそうでなくてよいということです。もちろん、そのほうがやりやすいなら話は別ですが、その年その部に専業主婦が多いか有職者が多いかによっても、負担感が変わってきます。目的が定まっていることが前提であれば、その年その年で、無理なくできる方法に、変化を恐れずにチャレンジしてもらえたらと思っています。こういった流れが定着してくると、新たな案が生まれやすくなり、さらにはそこに輪ができ、「やるしかない」といった強制感ではなく、自主的に取り組む方が増えていきます。

以上が、ソフト面、気持ちの面での改革についてでした。

ハード面：活動精査について

続いてハード面です。活動面の精査は根気のいる改革です。「失敗しない」ために、たとえ手間がかかるようなことがあったとしても、順を踏んで進めることが重要だということを先にお話しします。

まずは、現状のPTAについて、保護者の皆様がどのように思っているか、一つ一つの活動について細かく、そして丁寧にアンケートをとります。同時に、現役役員（部長副部長）さんから、どうしたらもっとよくなるか、やりづらかったことはないかなどのヒアリングを徹底します。さらに、その活動の始まった経緯やここまでの流れ、どうして今のやり方なのかということを、内容によっては歴代の本部役員の方々に連絡をとったり、地域の方に聞いたりしながら、とにかく「失敗しないため」のリサーチをしました。

続いて、それらのアンケートやヒアリング、リサーチの結果を、半月以内で保護者&先生方全員へ配布しました。それらを考察し、今ある活動が「あったほうがよい活動」なのか「なくてもよい活動」なのか、はたまた「やり方を変えたら残したい活動」なのかに振り分けた資料を開示し、その結果をもとに学校と協議し、次年度の活動の精査予定を発表しました。

その他の見直し

ＰＴＡ改革の重要なポイントとして、「活動の精査（ハード面）」のみに重点を置くのではなく、「活動をする保護者の気持ちの改革（ソフト面）」について、紹介してきました。最後に、それらの問題点をよりスピーディーに解決するためのポイントを付け加えておきます。私たちが行ったもう一つの改革「イメージアップ作戦」です。ハード、ソフト面改革と同時に行ったものです。そのうちのひとつを紹介します。

イメージアップ作戦の代表的なものは、ＰＴＡからの情報提供について、です。

「ＰＴＡって、なんだか分からないけど、悪の集団。なるべく関わりたくない活動」と思っている方がいるのは事実です。その理由は「何をやっているか分からないけれど、よくない噂を耳にすることが多い」のであって、「きっとそうに違いない」というイメージから「ブラック集団」的に思われていないのではないかと思います。事実を知らないままに脳内変換されているのかもしれません。そこで、ＰＴＡ活動の「見える化」を図るために、グループウェアを導入しました。

以前、私たちの学校では、ＰＴＡ広報紙を年に3～4回程発行していました。過去になって、毎年決まった時期に、おおよそ変化のない記事を掲載することが多かったのですが、広報誌をグループウェアで配信することにしました。写真とともにブログ形式で。お手紙や募集に関してはメールやアンケート形式と、年に50記事以上の情報発信をしています。

グループウェアを活用することによって4つの利点があげられます。

ひとつは、よりタイムリーな情報提供ができるということです。広報誌では3カ月遅れの記事になることも多々あったのですが、ＳＮＳを活用することで、よりタイムリーな情報を提供することができるようになりました。

ふたつ目は、広報紙の作成に時間がかからないということです。どこにイラストを入れようか、見出しを装飾をしたほうがいいかなど、パソコンに不慣れな方だと大変な作業になるかと思いますが、スマホひとつで写真撮影から記事作成まで楽に行うことができるようになりました。

3つ目は、印刷費用が限りなく0円に近くなるということです。印刷に毎回10万円前後の支払いをしていたのがほぼ0円になるのですから、ＰＴＡ専用のＷｉＦｉ環境を整えたとしても3～4割程度の支出で収まります。

4つ目は、もっとも重要な「ＰＴＡとは何なのか」を理解いただく場としての「見える化」が容易に行えるということです。学校が主体の活動は学校が発信しているので、私たちはＰＴＡについてのみの情報発信に特化できます。また、付属のカレンダー機能で、何部が今どんな活動をしているかが可視化できます。さらに、情報提供だけでなく、アンケート機能を使うことで情報収集も行えます。時に、人手が足りないときの募集にも使うことができるので便利ですよね。

なかなか踏み出せずにいたグループウェアですが、活用が始まると、本部だけでなくＰＴＡ全体での活用度が増え、いちばんの狙いであった「見える化」を一気に進められました。これによって改革がよりスピーディーに進んだと思っています。

まとめ

ここまで、小針小学校ＰＴＡの話を中心に、ＰＴＡ改革について紹介してきました。

私たちが「変えること」に踏み切れた理由のひとつは、「学校の先生方が改革を受け入れてくれた」ということでした。「学校もＰＴＡも手を取り合って業務改善をしつつ、より子どもたちに寄り添う活動にしたい」という思いが共通していたからかもしれません。同時に「志の同じ仲間が集まった」ということも大きな要因だったのではないかと思います。それぞれが様々な案を出し合うので、ぶつかることも多々ありましたが、ベクトルは同じなので、わだかまりになるようなことはありません。

そのような心強い応援があったからこそ「たとえ批判されても折れない心」を持つことができました。時に、心ない言葉に泣いたり憤ったりしたこともありましたが、保護者皆に「変えてよかったな」と思ってもらえるように、「失敗はできない」という緊張感を常に持ち続けていたことは確かです。だからこそ、想定外だったということがないよう、ありとあらゆる角度で検証してから変革を実行に移しました。

そして、ＰＴＡの皆さんが「費やす労力が通常の倍以上かかることへの覚悟」を持ってくれていたのも、成功の秘訣だったと思います。現状のＰＴＡの活動を止めるわけにはいかないので、それらをまわしつつ、新たなルートを構築していくわけですから、やることが2倍、いや、リサーチなどの情報処理を含めると10倍近い労力が必要となります。正直「もうやめちゃう?」「このへんでいいか?」と何度思ったことかわかりません。それでも、今となっては中途半端に投げ出さずによかったなと心から思えます。

今後は、活動をどう引き継いでいくかがカギとなってきます。そのためにも、どんどん増えていく仲間とともに、まずは本部である私たちが笑顔でいること、そして楽しい活動にしていくことが重要だと思っています。

この活動を通して、私たちPTAは、先生方や過去の役員さん、そして地域の方に、たくさんの教えを頂戴し、小学校の歴史を知ることができました。それは時代に関係なく、「地域全体で子どもたちを見守っていただいている」ということを改めて感じた瞬間でもあります。

この度、150周年を盛大に迎えた小針小学校。その歴史を受け継ぎつつ、現代にそぐうPTAに変革し、「やってよかったね」と保護者にも子どもにも思ってもらえる「幸せスパイラル」を築き、末永く子どもたちを見守っていきたいと思っています。

奈良市PTAはガラパゴス？

岡田由美子／奈良市の公立（小・中・高等）学校PTAで（会長・副会長）を経験した後、2013年より奈良市PTA連合会に事務局員として勤務。翌2014年より事務局長。市内各校のPTAに対し任意加入を前提とした適正な運営方法を指南し、現場のPTA役員のサポートに当たる。

奈良市PTA改革の歴史

昭和31（1956）年に発足した奈良市PTA協議会は、昭和51（1976）年3月、組織強化と活動の充実を願い「民主的活動型」の連合体組織である奈良市PTA連合会（以下市P連）へと名前を変えました。時を同じくして、組織問題、分担金、活動等の体質改善を求めて奈良県PTA協議会を脱会しています。同年12月24日付の朝日新聞は、このことを次のように報道しています。「会員数で4分の1を占める奈良市PTA協議会が、県P協から退会を決め、名称を奈良市PTA連合会と改めて、独自の活動を始めた。県P協の古い体質を批判しての〝挑戦状〟であっただけに、PTA活動のあり方をめぐって新たな問題を投げかけた」

当時の市P連会長は「役員だけの活動や金集めが目的のような後援会的なPTAは否定せねばならない。PTA活動の原点に帰り、出直しを決意した」と語っています。その後、県P協への復会、休会、退会が繰り返されるわけですが、振り返れば、この時が市P連にとってPTAの本質を貫く姿勢を明確にした独自路線への出発点だったのかもしれません。

改名した市P連は昭和52（1977）年に連合会の役割を次のように定めています。


1・教育の改善に当たる。

2・一部の問題であっても連合体として課題の解決に当たる。

3・会員の資質向上を図るために構成単位（幼、小、中高）の情報交換のふれあいの場とする。

4・単位PTA及びその会員への資料、サービスを提供すると共に、全体性を高める。

5・指導者の養成に必要な企画を実施する。


この役割は46年を経た現在でも大きく変わっていません。また、同年にはPTA活動中の会員の安全を保障するために、「奈良市PTA連合会安全会」を発足させ保険契約を結んでいます。翌年には事務局が設立され、市P連単独での運営体制が整いました。それ以降、事務局員は市P連役員のOB・OGに受け継がれ今に至っています。

連合体となった市P連は、幼・小・中高の3部会を活動母体とし、学習する団体として活動を開始しました。PTAとは何をする団体なのか、親として知っておくべきことや学校と保護者で考えなければならないことなどを、各部会の特性と実情に応じて学習会や研修会のテーマとしてとりあげました。

中でも、連合体としての力を発揮したのは、「公費増額と父母負担撤廃」の学習会です。市P連は発足時から23年をかけてこの問題に取り組んでいます。常に学習会のテーマに上がりながら、23年もの月日を費やさなければならなかったのは、PTAという団体が学校の後援会的な役割を根強く担い、学校もそれに頼ってきたからでしょう。

この問題の総仕上げといわれた平成10（1998）年の学習会には540名を超える参加者がありました。学習会の中で、当時の相談役は「PTA会費はPTAの活動や運営に使うべきものであり、学校園協力費撤廃の趣旨を十分理解していただきたい。PTAは成人教育の場であり、自ら学習する社会教育関係団体です。決して財政援助をするための団体ではありません」と述べています。

奈良市は平成6年度より5カ年計画で学校運営費の大幅な予算増額をはかり、保護者負担費軽減、解消のための抜本的な措置を講じました。それを受けて市P連も部会を中心として学習や研修を重ね、特別委員会を設けるなどして学校園協力費撤廃をめざしました。

またこの間、単位PTAにおけるPTA会費の認識を揃えるため、「1世帯1会員」という考え方を浸透させ、「費目基準表」を導入して基本的な予算書作成にも力を注いできました。その結果、平成11（1999）年には予算書の費目から学校園協力費が消えた校園は83校園（85％）にものぼりました。市の5カ年計画は1年延長され11年度の公費予算額は約5倍の5億円に達しています。

PTAの念願であった公費増額が市の施策によって達成され、PTAと学校がPTA会費に対する認識を一つにし、協力費撤廃にこぎつけたことは、まさに連合体のなせる業だったでしょう。

また、近年ではPTA運営の健全化をめざし、入会申込の整備に取り組んでいます。PTAは任意団体であり入会申込を取るべきである。ということは学習会で周知されていましたが、実際に整備できている単位PTAがどれくらいあるのかは把握できていませんでした。平成28（2016）年度に調査したところ、全体の23％、約4分の1の校園は入会申込の整備ができていました。各部会で学習を重ね、情報交換では、すでに整備している単位PTAの入会申込書を配布し、参考にしながら取得時に気を付けることや、会員の理解を得る工夫などを共有しました。その結果、令和2（2020）年度には全体の82％にあたる単位PTAが入会申込の整備を完了しています。これもまた、連合体として取り組んだからこそ短期間でなしえたことだと思っています。

同年4月には、学習会の内容をまとめた『PTA運営の手引き』を作成し、各単位PTAに配布しました。学習会の内容を先生と保護者で共通理解していただくための指針となるものが必要だと考えたからです。平成30（2018）年に大津市で出された『学校園管理者のためのPTA運営の手引き』を参考に、PTAの視点で作成しました。教育委員会の各課の先生方にご協力いただき、コロナ禍で学習会ができなくなる前に配布することができたことは幸いでした。

この手引きを発刊して以来、他県や他郡市の協議会や連合会の事務局から問い合わせを受けるようになりました。「どうしたら奈良市のように任意団体であることの認識が統一できるのか？」「単位PTAにとって必要な活動は？」というのが主な内容ですが、その要因はいくつか考えられます。

まず、設立当時からPTAを「親と教師の学習する団体」として、学習活動を基盤としてきたこと。早い段階から事務局体制を整え、市P連独自での運営や活動が可能だったこと。また、他府県の上部組織のように教育委員会職員が事務局員を務めているわけではなく、市P連役員OBが事務局員を務めることで、純粋に行政と切り離された団体であったこと。役員が毎年変わることになっても、事務局員が流れを把握しているため引継ぎがしっかりとできたことなどです。

さて、連合体となって様々な学習活動を行ってきた市P連ですが、その学習会の元になったのが昭和39（1964）年初版の、重松敬一、品川孝子、平井信義編集の『PTA辞典―親と先生のための教育百科―』（第一法規出版）です。この辞典は、当時の大学教授、教育評論家、教員、東京都教育庁職員など教育に関わるあらゆる分野の方々、総勢60名によって執筆されたものです。厚さ5センチほどあるこの辞典は、発刊から58年経った現在でも市P連の書棚に鎮座しています。中を開くとPTAは「任意団体」「自ら学ぶ団体」といたるところに書かれており、鉛筆で線が引かれています。

PTA本来のあり方とは

この原稿を書くにあたり、前任の事務局長に「もしかして、学習会の元となったのはこのPTA辞典だったのですか？」と尋ねたところ、「そうです。最初で最後のPTA辞典かも知れませんね。学習会のためにずいぶん読み込みました」という返事が返ってきました。この辞典は、私が生まれた年に誕生しています。私の母親の世代から時代を超えてP

ＴＡに対する思いが繋がってきたのだと思うと、胸が熱くなります。

昨今、先進的として名前をあげていただく奈良市ＰＴＡ連合会ですが、ここまで読んでいただければ、もうお分かりだと思います。奈良市ＰＴＡ連合会は新しいわけではありません。実はＰＴＡ本来のあり方を47年間も貫き通してきた「ガラパゴス」だったのです。

最後に、これまでＰＴＡの問題に真摯に取り組んでこられた石原慎子さんに深く敬意を表するとともに、ご冥福を心よりお祈り申し上げます。

「ＰＴＡの入退会自由に関する請願書」と署名活動について

とまて（ハンドルネーム）／ＰＴＡ問題をテーマとする老舗サイト『素晴らしいＰＴＡと修羅場らしいＰＴＡ（Think! PTA!）』発起人の一人。２０１０年に石原慎子さんの発案で始まった『ＰＴＡの入退会自由に関する請願書』のオンライン署名や、２０１２年６月、同署名簿を内閣府と文部科学省へ提出したことを、関西から応援した。

「素晴らしいＰＴＡと修羅場らしいＰＴＡ」サイト立ち上げまで

石原慎子さん（以下、「猫紫紺さん」と呼ばせていただく）がメインで活動された、ネット署名『ＰＴＡの入退会自由に関する請願書』[1]についてまとめておこうと思う。

時系列で当時の状況を振り返ると、２００５年あたりでは、インターネット上でもＰＴＡの自動加入（＝強制加入）問題に言及されることが非常に少なかった。

[1] https://think-pta.com/shiryou/PTAfreedom_PandTV.pdf

２００４年６月に作家の川端裕人さんがブログ『リヴァイアさん、日々のわざ』で「ＰＴＡの謎、プロジェクト」という企画を開始されたが、だんだんにコメント欄で議論が始まり熱を帯びていった。

このブログのコメント欄に集まる何人かで、「保護者の強制加入を始めとするＰＴＡの諸問題は存在する」という事実をアピールすることを動機として、サイト『素晴らしいＰＴＡと修羅場らしいＰＴＡ（Think! PTA!）[2]』を立ち上げたのが２００９年６月のことだ。

猫紫紺さんはサイトの発起人ではなかったが、当初から活発にネット上の議論に参加され、デザインがご専門とのことで、サイトのタイトル文字や背景画像などを整えてくださった。

猫紫紺さんのブログ『草履で歩きながら考える』によれば、当時猫紫紺さんは小学校ＰＴＡ歴２年目に入った頃。私は、子どもの卒業に伴い中学校ＰＴＡを自動退会した直後だった。

署名活動開始までの経緯

２００９年８月、猫紫紺さんから「ＰＴＡ問題に関する署名活動を行うのはどうか」という提案があった。しかし当時は、ＰＴＡの強制加入問題を口にすると、「そんなにＰＴ

Aをさぼりたいのか?」というような頓珍漢な反応がまだ主流で、時期尚早と思われた。私はそのように意見をして、ペンディングになった。

2009年12月、匿名の方から署名活動の提案をいただいた。署名活動を始めるかどうかについて話し合い、やってみようということで意見がまとまった。

当時は、有料(1年間1万円)でネット署名を立ち上げることが可能な『署名TV』というサイトがあり、そこで署名を始めることにした。

『PTAの入退会自由に関する請願書』の文言は、サイトのBBS上での数カ月の議論を経て、猫紫紺さんが中心になってまとめ上げた。また、サイト参加者の方々のカンパにより資金を募った。

PTA問題顕在化への試み

署名活動開始のための準備期間で、言及したい事件が二つある。一つは「保護者を中心とした学校・家庭・地域連携強化及び活性化推進事業」(平成21年度文部科学省)からの受託で特定非営利活動法人教育支援協会が主催した、横浜教育会館ホールでのシンポジウム

[2] https://think-pta.com

『これからのＰＴＡのあり方』（２０１０年２月11日）。

もう一つは、文部科学省から発出された、優良ＰＴＡ文部科学大臣表彰の調査票書式変更事由を明記した『事務連絡』（２０１０年４月26日）である。

シンポジウム『これからのＰＴＡのあり方』では、それに先立ち、「都市部ＰＴＡ活性化のための調査」というアンケート（２００９年10月）が、ＰＴＡ役員（札幌市、東京都、横浜市、名古屋市、大阪市、福岡市の小学校４２０校、中学校１８０校）、その他ＰＴＡ会員及び役員経験者を対象に行われた。

それまでの、例えば日本ＰＴＡ全国協議会のアンケート等では、ＰＴＡ活動に関する保護者の苦悩・苦痛に関する設問はあまり見当たらなかったが、このアンケートでは、

「問２－１⑤《委員経験者向け》ＰＴＡの委員を引き受けて困ったことは何でしょうか？当てはまるもの全てに〇をつけてください」

「問15　ＰＴＡに入会するときの入退会の説明についてお伺いします。あてはまるものひとつだけに〇をしてください」

など、画期的な設問がなされた。

ちなみに、問15に関しては、「半数の役員経験者が、入退会が任意であることの説明を受けたことがないことが分かった」とまとめられている。

シンポジウム当日は、ＰＴＡ活動を一人一役の導入で薄く広くすることで負担を減らせるのではないか、という方向に話が流れて行ったのに対し、川端裕人さんは、強制加入ＰＴＡにおける一人一役導入は義務化・強制化につながり、保護者同士で深く傷つけ合う危険があると警鐘を鳴らし、「……個別のＰＴＡに指導することはできなくても、ＰＴＡのそういう側面の認知キャンペーンみたいなことを文科省がやっていただくようなことはできないでしょうか」と提案された。

また、加藤薫さん（文化学園大教授）は「……命令する必要はありませんけれども、任意性を全く無視して全員を巻き込んでいるようなＰＴＡを、優良ＰＴＡという名前で、文部科学大臣の名前で、あるいは県知事の名前で表彰するようなことは是非やめていただきたい。そういうことをすれば、だいぶ任意性ということは広まっていくんではないかと思います」と発言された。

それを受けて、神代浩さん（文部科学省生涯学習政策局社会教育課長・当時）が、「文科省としては少なくとも教育委員会の職員と校長に対しては、ＰＴＡは任意加入だということをきっちり広めるために一歩でも二歩でも努力したいと思います」と話を締めた。（「」内は、教育支援協会発行の報告書から一部引用）

私は自宅にいてツイッターの中継を読んでいたが、後日、猫紫紺さんから会場で録音した音声データと配布資料をいただいた。

神代さんの発言は、ＰＴＡの強制加入を問題としている私たちにとっては、希望となるものだった。

こういった流れで、前述の『平成22年度優良ＰＴＡ文部科学大臣表彰について』という『事務連絡』が文部科学省から発出された。ここには、「今年度は、優良ＰＴＡ文部科学大臣表彰要項に基づき、各都道府県教育委員会から提出される調査表の記載項目と記載例を一部変更しております。これは、ＰＴＡが任意加入の団体であることを前提に、できる限り多くの保護者と教師が主体的にＰＴＡ活動に参加できるよう組織運営や活動内容の工夫をしている団体を適切に評価できるようにするものです。優良ＰＴＡの推薦にあたっては、変更点をご確認いただくと同時に、以下の点に注意して審査、推薦いただけますようお願いいたします」と、見る人が注意深く見れば、任意加入のＰＴＡが受賞の前提条件であることが分かるように書かれている。

２０１０年5月、サイトのＢＢＳに参加していた（ハンドルネーム）味噌味さんは、この連絡が市区町村まで届いているのかどうか、全ての都道府県に対して電話取材をされた。

その結果、多くの都道府県ではそこで連絡が止まり、市区町村に対しての連絡がなかったことが判明した。落胆した私たちは、『事務連絡』を市区町村に渡しているかどうかを色分けした日本地図を作成して、サイトにアップした。

署名活動の開始

同年5月15日、いよいよ『ＰＴＡの入退会自由に関する請願書』の署名活動が始まった。目標は「３０００筆を集める」とした。しかし、初月に１３９筆が集まったものの、その後は月に14筆から67筆程度で、遅々として筆数は伸びなかった。

ただ、署名に添えられたコメントには熱量があり、ツイッターで当時からフォロワーが多かった川端さんを始め、猫紫紺さんや、他のブロガー、ツイッターユーザたちが署名コメントを拡散し、署名への参加を呼び掛けた。

同年8月、川端裕人さん・岸裕司さん（秋津コミュニティ顧問）・寺脇研さん（元文科省官僚）・吉田博彦さん（ＮＰＯ法人教育支援協会）の４人を「首謀者」として、フォーラム『ＰＴＡは「新しい公共」を切り開けるか[3]』が、東京大学本郷キャンパス内、福武ラーニングシアターで開かれた。ここには猫紫紺さんも呼びかけ人として参加された。

[3] http://pta-forum.seesaa.net/

署名開始から10か月、締め切り予定の2か月前の2011年3月11日、東日本大震災が起きた。多くの不幸な事故が重なった。テレビでは共助を促すスポットCMが連日放映された。

PTA強制加入を問題視している人の多くは、「命に関わる重大事」を前にして、「PTAの強制加入は止めよう」と主張することに、ある種の逆風を覚えていた。PTAの強制加入に反対する活動には、全体主義との闘いという側面があるからだ。

署名活動については、1年が経っても筆数は600程度までしか伸びず、筆数を伸ばしたいということで、もう1年続けることになった。

2度目の期限が近づいて、1000筆に届くかどうかとなったとき、更に1年延長すべきかどうかで、私たちは迷っていた。私の友人で、全く別のジャンルで市民活動をしている方に相談したところ、「筆数が少ないことが気になるのはよくわかるが、筆数よりも大切なのは陳情すること」という話を伺い、開始から2年後の2012年5月11日、ネット署名1017筆、自筆署名32筆、計1049筆で締め切ることにした。

請願書と署名簿の提出

提出については、文部科学省からは手渡しではなく郵送で、と指定されたので、201

2年6月に猫紫紺さんが郵送し、6月18日に受理された。

内閣府には、猫紫紺さんと他の女性3名、森のくまさん、ボケの花さん、かりゆしラクダさん（いずれもハンドルネーム）。それに、記事にはできないということだったが、朝日新聞の堀内京子記者（当時）も同行してくださった。あわせて5名で内閣府へ赴き、署名簿を担当の方に手渡した。

私は署名簿提出に赴いてくださった4名の方々に、「その時の感想を是非残してほしい」とお願いし、サイトにアップした。猫紫紺さんの感想をここに転載したい。

言いだしっぺのため、署名チームの代表として動きました。5月1日から内閣府と文部科学省の担当部署に電話をし、アポ取りをしました。諸事情で日程変更がなんどかあり、6月15日に内閣府訪問を果たすまで、濃い1カ月半をすごしました。

5月11日にはネット署名と紙での署名両方を締切りました。その後、『素晴らしいPTAと修羅場らしいPTA（Think! PTA!）』サイトのメンバーと相談しながら、署名簿とプレゼン資料、参考資料をまとめました。請願項目が16項、内容も多岐にわたるため、請願項目を3つの骨子にまとめました。それに対応する行政機関を、内閣府総務課の担当官に電話で相談もしました。

内閣府訪問日の数日前に、請願団体名、代表者の住所・氏名・連絡先、訪問予定者全員の氏名を、内閣担当部署にファックスしました。また、文部科学省からは、はじめは訪問してもよいという予定が変更になり、大臣あてに一部郵送してください、と指示されました。ですので、内閣訪問日に郵送できるよう、封筒をこしらえて6月15日に備えました。

内閣府訪問は、面会時間が15分と指定されていたので、あっけなく終わってしまった……というのが正直な感想です。ゲートをくぐったあと、気圧されそうになるわたしを、仲間の一人が「市民の声を聴きたまえ、くらいの気持ちで」と背中を押してくれたのが忘れられません。

面会の内容は、自己紹介、請願書提出、署名チーム4名のプレゼン（1人約3分）という流れでした。というのも、面会は「議論の場ではありません」、と内閣府より指定されていたためです。ですから、こちらより、請願内容とそのこころ／PTAってここがヘン！　をプレゼンしていくことにしました。

内閣府担当官は、下調べのうえ、メモを取りながら話を聴いてくださいました。「PTAは社会教育法上の任意団体（社会教育関係団体）である」ということを、相互に確認しあいました。そして「内閣総理大臣に責任をもって請願書とかりゆしラクダさんのメモをお渡しします」、と約束してくださいました。

　まぁ、請願書の対応は、総理大臣の采配次第ですが……。それでも、こうして正式に請願を届けた意味はあるのではないかと信じています。（転載ここまで）

　署名提出後、10月から11月にかけて、署名の際にコメントを寄せてくださった方々のコメント集を作成して、47都道府県知事と議会長宛に郵送した。また、テレビ局などにも送付した。さらに、この行動を歴史的事実として残したいと望み、コメント集を国立国会図書館にも納本した。

　これらの活動を通して、「ＰＴＡの強制加入には問題がある」という主張を広めることに少しでも役立てたとすれば幸いだと思う。

　一方、２０２２年の時点でも、文部科学大臣が、強制加入ＰＴＡに対して優良ＰＴＡとして表彰を続けているのは残念なことだ。

　猫紫紺さんは、この署名活動を中心となってやり遂げたことで、大きな自信を得られたように私には感じられる。その後彼女が、ＰＴＡ研究家としての活動を深めていくきっかけの一つになったのではないだろうか。

人間力アップ！　やりたい人・やりたくない人どちらにとっても心地よいＰＴＡを目指して

鈴木理恵／神奈川県藤沢市の公立小・中学校ＰＴＡで本部役員を経験。小学校のＰＴＡではポイント制のルールや役員選出方法の見直し等、中学校のＰＴＡではアンケートをもとに委員会の廃止や、一部手挙げ方式（ボランティア制）の導入などを実現。藤沢市を中心としたパパママ応援団「レインボースマイル湘南」を運営。

私はかなりポジティブな人間だからか、滅多に後悔することがありません。けれど今、ひとつの大きな後悔を感じています。それは２０２０年秋、感染症による緊急事態の合間を縫って対面を果たした猫紫紺（石原慎子）さんとのツーショット写真を撮らなかったことです。彼女とはＳＮＳで知り合い、ＺＯＯＭでお顔を拝見していたことと、私の本職であるいじめ防止プログラムでのご縁があり、はじめましてというよりは「久しぶり」と思える初対面でした。彼女のお気に入りのカフェで楽しくおしゃべりをして「ではまた」と解散しました。その笑顔を胸に、彼女が皆さんに伝えたかったことを少しでも伝えるお手伝いができたら幸いです。

私の略歴

２０１３年４月：初めてのＰＴＡで小学校の本部役員（副会長）に（ポイント制初年度、翌年から代表制に変わるタイミングだった）。その後、本部→会計監査（本部補佐）→本部→学年委員長を経験。

２０１５年４月：藤沢市ＰＴＡ連絡協議会本部役員（総務）に。藤沢市いじめ問題対策連絡協議会の担当になり、ＮＰＯ法人湘南ＤＶサポートセンターのいじめ防止プログラムと出会う。

２０１７年４月：中学校で学年委員長に。その後、学年委員長→本部→学年委員長を経験し、最後の年は臨時委員会「ＰＴＡの在り方を考える会」発足。

小学校ＰＴＡ時代

入学の前年度にポイント制の導入が決まり、永年免除目的で本部役員に。それまでＰＴＡ未経験だったので行事のいろはもわからず、激動の１年でした。違和感がありつつも何かを変えるには至らず。翌年、友人を誘い本部役員継続。初年度に気になったところを変更していきました。具体的には、

①ポイント制のルールの緩和

②広報委員の選出方法の変更

などです。①は、「上の子で3ポイントとらないと下の子で立候補できない」というものでしたが、「上の子で2ポイント取得したら下の子で立候補できる」としました。これにより、やってもいいという気持ちのある人がやりたいタイミングで立候補しやすくなりました。やりたくない人については委員募集アンケートで「できない」と意思表示できます。

②は、それまで広報委員を選んでから取材班・パソコン班に分かれていて、毎年バランスに偏りが出ていたのを、最初から取材班・パソコン班に分けて募集することで、得意分野を活かし、適正な人数で活動できるようになりました。また、それまでバラバラに配付されていた、PTAに関する情報を1冊にまとめたハンドブックを作成し、新入生説明会で仕組みの説明や入会同意書と一緒に配付する流れを作りました。初年度は在校生にも配付し、①で「できない」と意思表示した中の「よくわからないので立候補できないだけ」という人にも知っていただく機会になったと感じています。

中学校PTA時代

中学校のPTAは、委員選出を地区に丸投げしていたため、地区ごとに免除基準が異なっていたり、年功序列で順番がほぼ決まっており、継続してやりたくてもできないなど、突っ込みどころ満載の古いしきたりが多かったのですが、変えるとなるとエネルギーがいるため、本当はスルーするつもりでした（笑）。しかし、校長の代わるタイミングで本部役員にと声が掛かり、協力的なメンバーで活動できそうだったので一念発起、ＰＴＡ改革を進めることに。

初年度の春、課題と改善案を提示したところ、本部役員は乗り気だったのですが、改革後のイメージが湧かなかったのか、運営委員さんの反応が薄かったことと、管理職の先生に難色を示されたことで見送ることに。そして秋頃、次年度委員を決める段になると、運営委員さんたちから仕組みのおかしさについての訴えがたくさんあり、「春に話したのは、そういうことだったのですよ」と。その様子を見守ってくださっていた管理職の先生から「改革が必要なようですね」とゴーサインが出たことで、翌年に臨時委員会を発足し、一般会員の意見も聞きながら、２０２１年度から新体制にできるよう進めることになりました。

臨時委員会の動きとしては以下のように進めました。

２０２０年６月：臨時委員会「ＰＴＡの在り方を考える会」発足（自粛期間明けだったので、

書面総会にて承認されました）。
２０２０年７月：全家庭にアンケート実施（すべてのＰＴＡ委員会、行事についての必要性や手伝いたいか等を紙面／オンラインどちらかで回答できるようにしました）。
２０２０年10月：運営委員会で新体制の素案承認。
２０２０年11月：臨時書面総会で新体制の素案承認。
２０２１年２月：次年度委員選出より新体制に向けての募集開始。
２０２１年４月：新体制でのＰＴＡ運営開始。

変更した点は、
①世帯数減少により各常任委員会の人数確保が難しくなっていたので、まず、アンケートや歴代委員長の意見をもとに仕事内容の見直し・断捨離を行いました。
②、①の結果、成人委員会を廃止（企画は本部に移行）、広報委員会を本部付けのボランティアとしました。
③、②の結果、地区から選出していた広報・成人委員の選出がなくなり、地区長および副地区長＝校外委員としました（地区の世帯数により３～13名程度選出していたのが１～２名の選出に）。

④これまで常任委員に付随していた行事のお手伝いなどを都度ボランティア募集にしました。

⑤校外委員会の地域のお手伝いを、地域から求められた人数ではなく、当日参加できる人数に変更していただきました。

⑥学年・広報委員の選出を2月に行うことで、春の委員選出を減らしました（春は1学年委員のみ選出）。

なお、④⑤については感染症の影響で必要がなかったので検証できていませんが、その他は2021年4月（一部2月）より実行し、特に問題なく1年が過ぎました。まだ全会員に仕組みが浸透しているわけではないので随時説明が必要ではありますが、「できる人が、できるときに、できることを、できる範囲で」という目標に近づいている実感はあります。

ちなみに、在り方を考える会は2020年度の運営委員会を兼ねて実施しました。当初は管理職の先生方に「感染症対策でお忙しいでしょうし、主に保護者委員の選出に関する変更なので、保護者だけで話し合いを進めようと思います」と申し出たところ、「学校も関係することですからぜひ参加させてください」とおっしゃっていただき、このような力タチとなりました。
ＰＴＡは保護者と教職員の連携が必須なので、結果的には情報共有を随時行うことができ、とてもありがたかったです。また、新体制への変更を広報紙にまとめ会員に配付したのですが、新入生分も印刷し、新入生説明会前に学校を通じて配付していただきました。説明会がオンラインになったこともあり、直接の説明ができない分、少しでも情報を届けられたことに感謝しています。

最後に

今、ＰＴＡも変革のときが来ていると感じています。ＰＴＡは活動するメンバーの方向性が同じなら活動しやすいですし改革もしやすいですが、ひとりでも別の方向を向いているメンバーがいるとなかなか思ったように進まないのが歯がゆいところ（別方向を向くことは必ずしも悪いわけではありませんし、実はそこは役員選出委員の手腕にもよると感じています。これについても思うところはありますが、長くなるのでまたの機会に……）。

さらに、実質活動自粛になっていたこの期間は、活動見直しのチャンスでもありました。実施できず不便を感じた企画、特段影響のない企画が浮き彫りになった今、単純になくす・減らす・やめるという投げやりなカタチではなく、Ｐ同士、またＰとＴが子どもたちの健全育成のためにともに学び知り合う企画か、あるいはそうでないかという視点で見直せるＰＴＡが増えることを願っています。

アメリカで子育てをする友人が複数います。皆、口を揃えて言います。

「アメリカではやりたい人はどんどんやるし、やらない人はまったくやらない。だからといって悪く言われることはない。私もやりたいときだけ参加している。だから楽しい！」と。

それがボランティアですよね。日本も海外の、他ＰＴＡのよいところだけを見倣って、「子育てもＰＴＡも楽しい！」と思えること、その姿を見せることこそが子どもたちにとってよりよい環境といえるのではないでしょうか。

私はＰＴＡ役員を経験したおかげで子育てを見直せましたし、パソコンスキルも上がり、人脈もでき、悩み相談を受けることも増え、やりたい仕事を始められました。この本に寄稿する機会もいただけました。この本を手に取られた皆さんにとっても「ＰＴＡが人間力アップのチャンス！」になりますように。

第2章　ここを変えようPTA

PTAは民主主義の演習場

いまの保護者には、余裕がありません。わたしたちは、不況、派遣切り、サービス残業、過重勤務により、経済社会から痛めつけられています。将来の年金不安も抱えています。「アンペイドワーク」なPTAに従事する時間があるなら、少しでも働きたいと思う人も少なくないでしょう。マズローの人間の発達段階説における最高次の、「社会貢献の欲求」を満たす状態に至れる人は、なかなか見あたらないかと思います(図4)。

そのような社会状況の中、日本の貧しい教育予算(OECD諸国で最低ランク)を拡充することなく、足りないマンパワーを補充するため、PTAの美名の下に、余裕のない保護者を無理矢理巻き込む体制を作り上げることには、大いに疑問を感じます。まずは予算獲得、ではなく、教育を、人を大事にする風潮をつくっていくべきだと考えます。

私自身、本部役員を経験しています。その忙しさと取られるエネルギーたるや、時給をいただきたいほどでした。通信費だって、自腹のケースは多いです。まぁでも、ボランティアだっていいんです。無償で働くたのしみだってあります。でもそこに生きがいを見

1．マズローの欲求５段階説

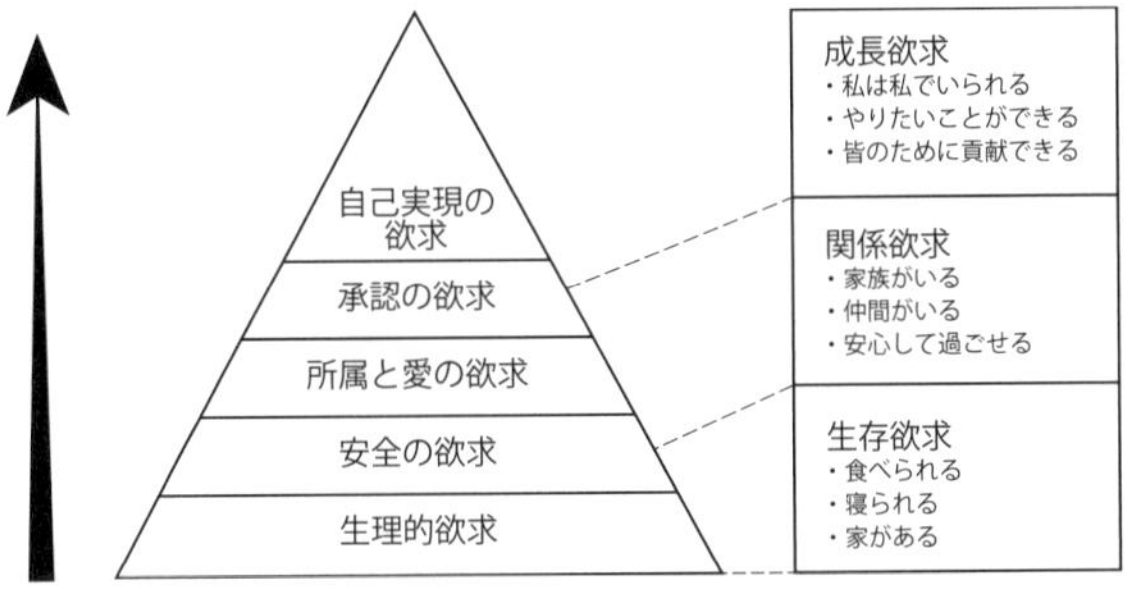

マズローの欲求５段階説：
下の欲求が満たされてはじめて上に行ける

まとめると

2．「わたしの普通」と、「あなたの普通」は違う（学校の保護者には、いろんな人がいる）

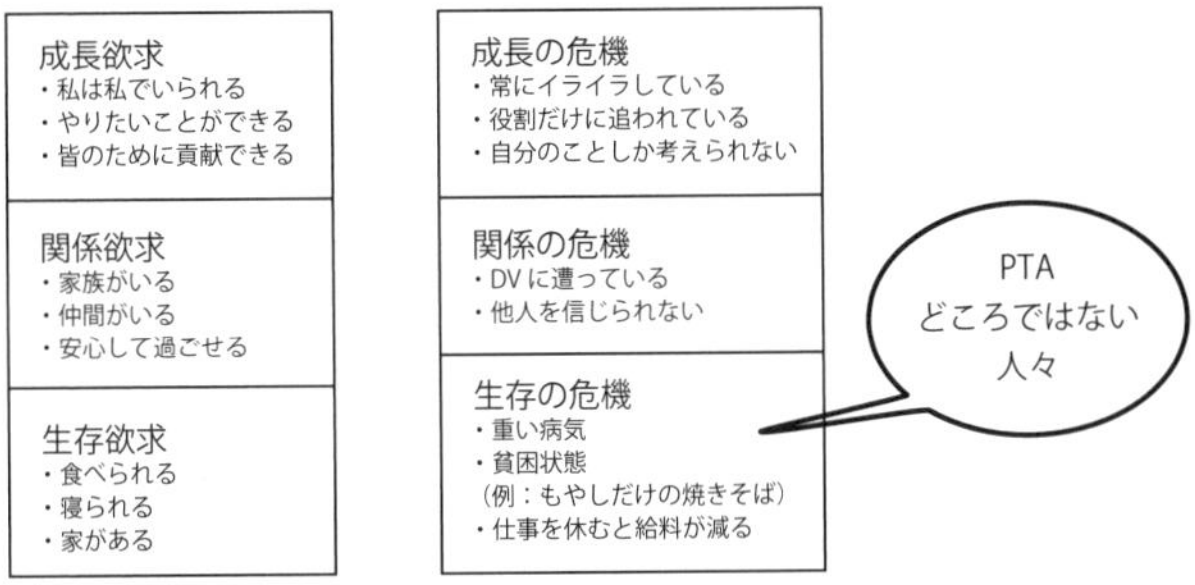

上の図　　欲求の危機

◎どんな人でも、私たちは、PTA に所属しない権利と、所属する権利を持っている
◎所属する場合、どんなスタイルで PTA に参加するか選ぶ権利を持っている

図４「マズローとPTA」

出すと、やたらタイムコストをかけたがる人が出てくるのも事実です。「いっぱい残業する人がえらい」の延長線のようです。

ＰＴＡはいまだに不思議団体です。理念と目的は美しいですよ？　でも、実態はどうなんでしょう。最近ようやく、ＰＴＡを「利用している側」の意図が透けてみえてきたように思います。その説明責任のなさ、法的位置づけや会計をグレーにしておいて、無知な保護者をいいように使っている側面だってあるのです。説明責任を行政や各段階のＰＴＡ協議会側に求めたいぐらいです。

論外なのですが、ＰＴＡを、私利私欲を満たすことに使う輩も存在するようです。この〝輩〟とは、個人のみならず、教育行政、議員を含みます。ＰＴＡが苦しくなる原因はここにもあります。

私個人は、「本音と建て前」「言外の意」「嫉妬」というものがどうしても苦手です。かったるい。どうして世間やＰＴＡでは日本人特有のこういうものがまかり通るのでしょうか？　どうして変化に伴う「予測不可能な事態」や「問題提起」を「トラブルの元」ととらえるのでしょうか？　どうして「トラブル」を避けたがり、表面的な「平等」を重んずるのでしょうか。

もちろんＰＴＡには、先ほども述べたように「ご縁をつなぐ」、つまり「関係的貧困を解消するひとつの手段である」という、現代社会の大きな問題点を解決するひとつのソリューションとしての面もあり、今日的意義を見出すことができます（もっとも、ご縁つなぎの場は今の世の中、ＰＴＡの他にも山ほどありますが）。また、「学校を閉じた場に せず、開かれた場にする」という意義も見出せます。私はＰＴＡの存在と活動意義は否定しません。ただし、本来の理念通りならば、です。

70年以上前にできたＰＴＡが、現代ならではの意味を持つことってなんでしょうか？それは、「知り合うこと」「葛藤すること」「体験すること」だと私は考えています。

ＰＴＡの会員は、どんな団体よりもいろんな種類の人たちがいます。会社よりも、ＮＰＯよりも、趣味のサークルよりも多様です。そんな会員をまとめることは、とても大変です。一つのやり方が全員を満足させるなんてことは、あり得ないといえます。では、どういうやり方で会員をまとめ、ＰＴＡを運営していけばいいのでしょう。これは執行部の悩み、葛藤です。

その葛藤こそが、人として成長する原点でもあると思います。結果として、会員個人個人が、家庭のあり方をいい方へと変え、社会へ関心が向いていけば、ＰＴＡを仕掛けたＧＨＱとしても、もくろみどおりということになるのでしょう。

どういう方法で、ストレスなくPTAに参加していけばいいのか、またはPTAに加入せず過ごしていけばいいのだろう？　これは平会員や非会員の悩みです。

いろんな人の意見を聴いて、なにをどうすればよいか皆で主体的に考えて、もがきながらよりよい方向を目指していくプロセスそのものが、PTAなのだと思います。それ自体がもっとも大きな「大人の学び」だと考えます。

学びを得るためには「ボスの言うことに黙って従う」「なにも考えず前例に従う」「場の空気に流される」という態度ではなく、一人一人が、自分の頭でものを考え、必要なことは勉強しつつ、意見をしっかり言い合える姿勢が必要だと思うのです。

PTAのいいところ

今の子育て世代は、核家族が孤立して暮らすようになって久しく、気楽さと引き替えに人と交わる力が弱くなっていると言われています。他人と交わる場として、PTAはもってこいの存在だといえます。

PTAは、例えば主婦にとって社会参加の第一歩かもしれません。ただし、PTAに参加することでストレスを溜めたり、家庭や子どもをおろそかにするようでは本末転倒です。家庭を壊さないＰＴＡであることが条件です。

ＰＴＡの活動やボランティアなどで学校内を歩いていると、担任や元担任の先生と出くわすこともあります。そんなとき挨拶を交わすわけですが、自分の子どもの相談に発展することもあります。話を切り出すのは先生からだったり、こちらからだったりします。相談自体は長くても数分のことだったりしますが、優秀な先生の引き出しの一つを見せていただくこともあります。先生を身近に感じる機会にもなります。

それに、例えばなんらかの問題を抱えているご家庭は閉じてしまいがちだったりもします。そんなとき、顔見知りを一人でも多く、日常で挨拶できるご近所さんを一人でも見つけておくこと。その有力なツールの一つがＰＴＡである、という考え方もできます。「助けて！」と誰かに言えるような関係づくりは重要です。日常の愚痴吐きだってかまわないのです。これは万一の災害時にも役立ちます。知り合いでない人を助ける気にはなかなかなれません。

また、お母さんだけでなく、父親のＰＴＡ活動や地域活動への出番を増やすのも素晴らしいことです。

秋津コミュニティ顧問の岸裕司さんの「面倒なことを引き受けて学ぶのも親として成長

する機会」という言葉を聞いたことがあります。私の経験でも、ＰＴＡには確かにそういう一面もあると思いました。そう、ＰＴＡは生涯学習なのです。学びの機会は様々です。アンテナさえ立てておけば、なんだって学びや気づきにつながります。

「保護者の４割は友だちがいない。３人に１人以上が人間関係に悩み」。これは明光義塾が行った「保護者の人間関係・ＰＴＡに関する意識調査」の結果です。ＰＴＡは、実はこういった「関係の貧困」を解消するにはもってこいの仕組みでもあります。子どもを通して知り合いができ、家の近所で活動に参加できるのですから。地縁血縁が薄くなった現代において、学校関係で結ばれる「子縁」を通して近所の方と知り合う機会になれるからです。人と人のあたたかい交流を増やすことこそが子どもたちを豊かに育てるということです。豊かな人間関係を作るため、「孤独」に陥らないためにはコミュニケーション力を養わなくてはいけません。それは学校だけではできません。その礎としての「あいさつキャンペーン」があり、各種ＰＴＡプログラムがあったりするのです。

ただしこれは、「風通しのいいＰＴＡであること」が条件です。活動を無理強いしたり、他人のプライバシーを詮索するようなＰＴＡではいい関係性を作れないと思います。

そのためには、ＰＴＡが任意加入団体であること、参加するしないはそれぞれの自由意志であること。やはりこれが前提です。もっといえば、「ＰＴＡの理念と法体系を理解したうえで、目的に賛同し、ＰＴＡに自由意思を持って入会する」。その上で、どのように活動していくかを考えることが一番理想と、私は考えます。

そこで本章では、ＰＴＡをよりよい団体にするために、ＰＴＡは何をすべきではないか、またどう変えていけばいいのかについて、提案をしてみたいと思います。

任意加入の周知と徹底

先に述べたように、ＰＴＡは任意団体であり、入るのも出るのも自由です。ただ、学校や地域の活動と一体化していたりして、実際には保護者が入会を拒みにくいところがあります。また地域により学校により、ＰＴＡ運営側の意識が違います。保護者へ「任意団体」であることを説明しないＰＴＡもまだまだ多いようです。これはやっぱり〝ずるい〟ことです。よく「やらない人は〝ずるい〟」と言いますけど、本当は「〝ずるい〟ことするＰＴＡは悪い」ですよね。

運営側は「ＰＴＡは任意団体である」ことを強く認識しておく必要があります。具体的には、活動への参加の「お誘い」はできても「強要」はできないと運営側が認識しなければばなりません。

また、保護者も意識を変えていく必要があります。ＰＴＡは任意加入の団体なのですから、「参加不参加」よりも前に、「加入不加入」の問題があるのです。

一生懸命活動されている方、否定はしません。善意、社会貢献、すばらしいことです。でも、一生懸命やっていること、そのことと一生懸命の方向性を考えること、分けてほしいのです。感情と、感情抜きで考えること（理）を分けてほしい。「人は、感情で動く」と教わりました。確かに、そんな面が人にはあります。感情が、やれない人に活動を「押しつける」論理を肯定しているのかも。「わたしにもできたから、あなたも」は間違っているのです。人格は別、能力も違う、やり方は違う、価値観も違う、経済的な違いもある、余裕がある人・ない人がいるということを頭では分かっていても、こころから納得できているでしょうか。

事情のある方を無理やり巻き込むいまのＰＴＡに関わっていると、役目によっては、自分が悪者になってしまうこともあります。

休日の夜8時に、いきなり知らない方に訪問されて「ＰＴＡの次期役員に、あなたが決まったからよろしく」なんて言われた例を聞くことがあります。しかもその方、持病があるからと一度お断りしたのに「調整するから」と言われて結局役員を引き受けさせられ、実際は「健康な人がフルスロットルで」やらなければならない仕事量であったということでした。任期終了時は、心身共にボロボロになったとか。家庭に犠牲を強いるPTAであっていいはずがありません。役員探しの前に、まず、PTAという組織のあり方を改善していくべきです。

PTAより仕事が大事、PTAより家庭が大事、という方はたくさんいると思います。限られた時間を割いてPTA活動に参加している人と、時間に余裕があってPTA活動に参加している人では、おのずと意識が異なってくるでしょう。

人がわざわざ集まってなにかをする、ということの意味を、根本から考え直してみてはどうでしょうか。

その入口の一つとなるのが、PTA入会届、退会届です。私はこれまで何度か改訂しながら、モデルとなるものをつくってみましたのでご紹介します（図5、6）。なんとなく、いやいやながら活動するのではなく、自分の意志で活動に参加する、あるいはしない、それがキホンだと思うからです。

そもそも入会届がないのに、いったいどうやって、会員が「PTAの目的や趣旨に賛同した上で、加入」したかどうかを確かめるのでしょうか？　私の関わったPTAのように、会費を現金で納入したら、目的や趣旨に賛同したことになるのでしょうか？　では、給食

[redacted]中学校 PTA 御中

[redacted]中学校 PTA 入会申込書 兼 活動継続届

申込日：　　　　年　　月　　日

□ 私は、[redacted]中学校 PTA へ入会を申し込みます。
□ 私は、今年度活動を継続します。
※ どちらかにチェックを入れてください

※ どちらかに○をつけてください

氏　　名	ふりがな ㊞	教員 保護者
E メールアドレス		
電 話 番 号		

在籍生徒（長子から順に記入してください。氏名は不要です）

①　　　年　　組　　番

②　　　年　　組　　番

③　　　年　　組　　番

※ 申込書の個人情報は、PTA 活動以外の目的には使用いたしません。
※ 入会申込書は○○○○室備え付けの PTA 入会申し込み箱へ入れてください。
※ 一世帯で複数の方が入会される場合は、お手数ですがこの用紙をコピーしてお使いください。

（[redacted]注）
※ 生徒名がないのがミソです。
※ [redacted]中には地区班活動がありませんので、住所は不要と考えます。
※ 毎年これを配布して記入してもらうことで、名簿作成手間が省けます。学年順に並べ替えて綴じるだけです。

PTA 使用欄：会費受領 □ 済
年　　月　　日

図 5 「入会申込書兼活動継続届」

[redacted]中学校 PTA 御中

[redacted]中学校 PTA 退会届

届出日：　　　　年　　月　　日

私は、[redacted]中学校 PTA を退会いたします。

※　どちらかに○をつけてください

氏　　　名	ふりがな ㊞	教員 保護者
E メールアドレス		
電　話　番　号		

在籍生徒（長子から順に記入してください。氏名は不要です）

①　　　年　　組　　番

②　　　年　　組　　番

③　　　年　　組　　番

※この用紙は、お子様が卒業なさる際には届出の必要はありません。

今後の PTA 活動の参考にさせていただきたいと思いますので、よろしければ下記に退会理由、ご意見等をお書きください。

□ 活動内容や主旨に賛同できない　□ 参加しても楽しくない　□ 転居のため

□ 忙しくて時間が取れない（□仕事　□家事　□その他の活動）

その他、下記にご自由にお書きください。

（[redacted]注）

※ 生徒名がないのがミソです。

※ 学年、組、番があるため、入会届（名簿）の検索に役立ちます。

PTA 使用欄：受理連絡、□ 済 年　　月　　日

図 6「退会届」

費などの学校徴収金と一緒に、ＰＴＡ会費が自動引き落としされるケースはどう考えればいいのでしょう？　人を無自覚に巻き込んでおいて、お金もほぼ無自覚に取り立てておいて、「ハイ今日からあなたもＰＴＡ会員です」と言われる、これでいいはずがありません。

入退会届のポイントは、こんな感じです。

- 「私は（〇〇中学校ＰＴＡに入会します）」とすることで、自分の意志でＰＴＡにはいる、という意識づけを狙う。
- いきなりご自宅に訪問して役員をお願いしたりしないという前提で、住所を外す（ただし地区活動がある場合は必要か）。
- メールアドレスはあると便利？
- あえて児童名を入れない（児童生徒はＰＴＡ会員ではないので。ただ、活動においては児童生徒名があると便利なことは確か。悩みます）
- 「入会申込書兼活動継続届」として、毎年全保護者に配る。提出された用紙を学年クラス番号順に並べ替えれば名簿になる
- ＰＴＡ使用欄（右下）を設けることで、原簿で会費収納管理ができる

ここで大事なのは、「入会する人」だけの情報を集める設計になっていることです。というのは、任意団体であるＰＴＡが「入会しない人」のリストを持っていても意味がありませんし、むしろ持っているほうが問題です。ところが、非会員のところに「入会届を提出して下さい」という、やや強制的な内容の手紙がＰＴＡから届くこともあります。「入会届を出さない人」イコール「出すのを忘れた人」という思い込みがまだまだあるのでしょうか。

会員のリストのみを作り、内規や引継ぎをしっかりする。本来はこれが望ましいです。入会届の書式の他に、「入会を強制してはならない」、「期日までに入会届の提出のない人は、非加入と割り切る」「非会員のリストは作らない」の3点について規定を作り、しっかり引継ぎすることが必要です。

入会届には、「入会します」「入会しません」の選択項目を設ける。「入会しません」の人の個人情報（メールアドレスや住所など）は記入不要、と配慮してください。「入会者」のリストと、「入会しない意思を表示した人」のリストが出来上がります。同時に、「用紙を提出しない人」も出るはずですが、リスト化の必要はありません。その方はおそらく黙示的な意思表示をされているはずですから、追いかけるべきではありません。

また、「入会しない意思を表示した人」のリストを用いて、金銭（会費等）の要求をしたり、

ＰＴＡへの勧誘をしたりしてもいけないのです。

いずれにしても、ＰＴＡが任意団体であること、加入非加入の意志をはっきりと保護者が示すこと。これがＰＴＡ改革のスタートラインになると思います。

入会前に説明する

入会前の丁寧な説明は必須です。任意加入団体であること、委員会や活動の内容等々。詳しく説明することで、積極的に参加するようになる保護者もいます。

でも、できないひとに役員などを無理強いするのはやめてほしい。当たり前ですけれども。役員選挙の前に、ＰＴＡの仕事量など情報公開するべきですし、そもそも任意加入団体であることを説明すべきです。

筆者も最初は、「役員やってというのなら、その仕事量と内容を説明してくれないの？」と素朴に疑問に思っていました。学校から配られた運営委員会だよりに、役員さん、各委員さんの稼働日と内容がリストになって載っていました。役員になると、毎週、少なくとも1～2回は学校に足をはこぶことになります。これに加え、委員会活動があります。

仕事があったり、家族の介護を抱えていたり、自身が病気などを抱えていたりすると、躊躇してしまうでしょう。

「わたしが無理してやったんだから、やらないなんてズルイ」という声も聞きます。これは、正直な感情なのかもしれません。だけど、はっきりいって攻撃の対象を間違えています。仕組みが悪いのです。だとすれば仕組みを変えればいい。ただそれだけのことです。

仕組みとはまず、規約のことです。「○○小のPTA会員は、保護者と教師と【する】」というスタイルの規約の文言。この表現に、人は、無意識に縛られてしまうと思うのです。そうではなく、1章で紹介した「先生と父母の会　参考規約」のように、「会員となることができるのは～」に変えて、主体的に人がかかわれる仕組みを作ればいいのではないでしょうか。任意加入が徹底されるようになれば、PTAはかえって健全になると思うのです。

強制しない

繰り返しますが、ＰＴＡは入るのも出るのも自由な「任意加入の団体」です。ただし実際には、保護者は入会を拒みにくいという現実があります。このあたりの機微は、非常に難しいところがあります。地域により学校により、ＰＴＡ運営側の意識もちがいます。保護者に対して任意団体であることを説明しないＰＴＡもまだまだ多いのです。

まず、ＰＴＡ運営側が、「ＰＴＡは任意加入の団体」ということを肝に銘じる必要があります。すると運営のしかたがかわってきます。雰囲気もかわってくるでしょう。

私たちは、２０１０年5月13日「ＰＴＡ入退会自由に関する請願書」の署名活動を、当時あった「署名ＴＶ」というＷｅｂサイトで行いました（P67コラム参照）。その際、署名とともに寄せられた１０１４件のコメントの一部をご紹介していきます。

家庭で仕事をしているためか、毎年のように役員を頼まれます。お勤めをされている方と違い、時間の融通はきくのですが、ＰＴＡに費やした時間分、睡眠や家事の時間を削って仕事をしなければなりません。もう限界です。都合よく使われるのには、耐えられません。

転勤族ゆえ転校先では必ずといっていいほど候補にされます。1~2年ほどしかいないのに行く先々で強制されたりと、かなり苦痛です。転勤族だからと断るとその時になればちゃんと協力すると言ってくれるのですが、いざとなるとやはり知らぬ存ぜぬで、引っ越しの準備手続きで忙しいのに後任さがしなど、かなりの負担があります。

図7「PTA入退会自由に関する請願書」署名簿(表紙)

「お世話になっている学校のためにあなたも何かを!」と言われても運営内容に賛同できない部分も多く、現状ではいかに簡単な係を引き受けるかを考えている始末です。

毎年、役員決めが憂鬱でなりません。わが子のお世話になる学校ですからできる限り協力したいですが、仕事もあるので限度があります。しかしクジで会長や副会長など重役を任されることもあります。納得いきません。

フルタイムで働いてるお母さんには平日にあるPTA活動は無理です。有給まで使わなくてはいけないならば、有給がなくなってしまったとき、自分の子が病気のときPTAは面倒をみてくれるのでしょうか？

転校先で6年の子どものPTA役員を押し付けられました。6年の役員は特に誰もやりたがりません。家庭訪問の時、担任の先生に「役員押し付けまして……」と言われました。誰かに無理やり押し付けなければやっていけないPTAなら、解体したほうがいいと思います。

実際にPTA役員になって不必要だとわかった。強制的業務でありボランティアではない。

個々の事情を無視し、一律（平等）に、役を割り振ることは暴力に値するのではないでしょうか。

入学式の日に給食費の振込み手続きと一緒にＰＴＡの会費も手続きするようになっています。うちの学校では入らないという選択肢はないです。困っています。２年間役員をやってそれ以上は勘弁してほしいと言ったら責められて困っています。

子どもの通う小学校でも今年から係の強制輪番制が導入されようとしています。もちろん、入会の是非は問われず、自動入会のＰＴＡです。ＰＴＡ副会長を務めさせていただいて、その時から折にふれ案として浮上していた強制輪番制反対とＰＴＡ入会制の必要性を唱えていましたが、理解してもらえませんでした。

学校からのおたよりで、懇談会では役員決めをしますと連絡がありました。その前に、なぜ、「任意です」と書かれていないのでしょうか？　仕事を休んだ分の時給は年間10万を超えてしまいます。給料を削ってまで役員をしなくてはならないのでしょうか。

ＰＴＡとは何ぞや？　と疑問に思っていましたが、まさか任意加入のボランティア団体とは知りませんでした。なのに強制的に役員？　病気であろうと介護であろうと仕事であろうと、皆さん事情はあるのだから役員免除の理由になりませんと。学校にお世話になっているのだから活動するのは義務だと。それが嫌なら子どもを産まなければいいと。もし引き受けて入院でもしたら生活の保障をしてくれるのか？　子どもに不自由をさせてまでしなければならないＰＴＡって、何の役に立つんだろう？　心身共に衰弱して困っている一保護者です。

息子の通う公立高校のＰＴＡに非加入届を出した。すると、ＰＴＡから「任意加入ではない」と入会を強制された。「じゃぁ裁判でも何でもすれば？　お好きにどうぞ」と申し上げております。

いつも役員選出の際には人権無視の修羅場が繰り広げられています。時代遅れのＰＴＡは解体か見直しをするべき。このままでは子どもを産む気にもなれません。

同調圧力によって成立した組織なんていいことないです。

入退会自由のボランティア団体であることを広く周知してほしいです。

入学の際のPTAの説明義務、活動内容に賛同できずPTA非加入者です。前例がない、子どもがいじめられる、卒業記念が渡せない……等々 非常識な理屈と圧力に益々PTAという団体に失望しています。前例がないのなら私が前例になります。子どもをいじめるのなら学校や法に訴える、卒業記念品は部外者ですのでもちろん要りません。自分たちが嫌なことを他人に押し付けあう団体が、本当に子どもたちのための活動ができるのか？ そもそも、加入する選択権は保護者一人一人にあるという事実を周知徹底しなければ改革はないと考えます。

「自動加入にご理解下さい」……に理解を示して入会すると、「会員の事情は理解いたしません」状態では逃げたくなります。

PTAが強制、一度は役員を受けないといけない、くじ引きなどで決まったら断れない、など恐怖を持っている方が多いと思います。私も小学校で理不尽な思いをしまして、最近ＰＴＡが任意団体で入退会自由であると知りました。先日子どもの進学で学校へ行きましたら、意思確認なしでＰＴＡ会費込みの費用が提示されていてがっかりしました。入学と同時に加入させられている、諸経費に会費が勝手に組み込まれている、入会意思の確認なし、という現状に憤りを感じます。

任意で加入、非加入を行える団体だということを公にしていただきたい。当たり前のように強制加入させられているのはおかしい。

入学式の日に、ＰＴＡについての簡単な説明を受け、その際、賛同していただける方は拍手を持ってお気持ちをお示しくださ～いとか何とか言われ、私はまったく拍手をする気にはなりませんでした。パラパラと拍手する方もいて、「では皆さん入会ということでよろしいですね」と言われ、強制加入させられた気分です。入会届けを書いたつもりなんてないのに。ＰＴＡ会費１年分が、給食費と一緒に引き落とされる手続きが勝手にされており、腹が立ちます。

何の説明もなく勝手に入会させられている。引き落としを認めたわけではないのに教材費と一緒に会費の引き落とし。これって、泥棒だと思います。その上、醜悪な役員決め。脱退届けを出しているのにまた引き落とし。正しいボランティア組織になるまでＰＴＡは抜けます。

いつの間にか勝手に会員になっていいわけがない。

署名活動のテーマがテーマですから、ネガティブな意見が多いのはご容赦下さい。でも、なんとなくの自動加入で強制的に何かをやらされる、という組織ではなく、自らの意志で加入して、そこに意味を求めて活動するようになれば、こんな意見はきれいになくなるのではないでしょうか。

私自身の話ですが、子どもが進学するとき、乳がんを患って闘病していました。そんなときに学校から配られたのが「ＰＴＡへのお誘い」です。規約、活動内容紹介、委員希望調査票などが入っていました。入会の意志を問われることはありませんでした。文面はやわらかいのですが、心身共にどん底だった私には脅迫状にみえました。委員希望調査票を書く手は自動的に止まり、提出しませんでした。「がんだから配慮して」ということは、書きたくありませんでした。

いずれにしても、まずはこういった自動加入システムをやめることからはじめてはどうでしょうか。実際、ＰＴＡ活動をやりたい人、できる人は必ずいます。きびきびと活動している頼もしい人もいます。自発的に活動するからには前向きに取り組もうとする人が多いはずです。そういうＰＴＡがある学校のほうが明るくなるはず。楽しい場所には人も集まるし、そうなれば参加が難しい人も参加したくない人も、「ちょっと行ってみようか」という雰囲気になればいいなと思っています。それを最初から義務であるかのように、同調圧力の組織にしてしまうと、なにもかも台なしになってしまうと思うのです。

ポイント制、役員・委員決め

役員が決まらない、という悩みがＰＴＡでは定番です。役員決めが困難な理由は何でしょうか？　ライフスタイルが多様化しているのに、ＰＴＡの活動は古いままです。でも、義務を前提にした仕組みにすることで役員数を確保し無理やり存続させることに何か意義があるのでしょうか。

ＰＴＡではよく「ポイント制」という仕組みを見かけます。活動に応じてポイントがたまり、みんなの参加を促すポイント制は、一見フェアな仕組みに思えます。でもこれは会員に余裕のある家庭が揃っているという前提条件があっての話です。

なぜなら、余裕のある保護者ほど先に手を上げてポイントを稼いでしまうことがあるからです。病気を抱えていたり、生計を立てるのに精一杯だったりで手を上げられない保護者が後に残ってしまうことになりがちです。高学年になるほど、「もうポイントは稼いだ」となり手がいなくなることもあります。「いちばん平等なやり方」という声も聞きますが、ノルマとしか感じていない保護者も多いのではないでしょうか。

そもそもポイント制は、「ＰＴＡは全員参加すべき義務」という前提に立った考え方です。欠席裁判とくじ引きも、ＰＴＡあるあるです。私も、ＰＴＡ委員決めの司会をつい引き受けてしまったことがあります。その時の参加者はクラスの3分の1ほど。事前に希望する委員に○をつけてアンケートを出してもらっています。ほとんどの欠席者からは委任状をもらっている状態。

仕事の内容を説明して、挙手による希望者を募りました。誰の手も上がりません。やむを得ず参加者一人一人の顔をみつつ、「○○さん、どうでしょう?」と誘ってみました。

「去年やりましたので……」

「お手伝いならいいですけど……」

「私はちょっと……」

中には乳飲み子を二人抱えたお母さんもいます。そんなとき、一人のお母さんが手を上げました。

「言っていい？　参加者だけで決めるの？」

確かにそれもどうかと思いました。だからといって欠席裁判はやりたくないし、くじ引きもイヤです。ついにしびれを切らせた一人が立候補。私も学年代表に立候補。もう一人、「○○委員なら……」と決まって、残りの委員は二つになりました。アンケート用紙には「やむを得ずくじ引きになることもありますのでご了承下さい」という一文が……。

普段、さんざん理想をほざいている私です。自分に対して「卑怯者！」と内心ののしりつつも、手は勝手にアンケート用紙を分類していました。

事情のある方、役員・委員を経験した方を除いて残りは4名。その中から、くじを引いてもらい、電話。相手は委員をやりたくなくて家に引っ込んでいらしたお母さんでした。

「恐れ入ります。実はどうしてもなり手がいなくて、無作為抽選の結果、お電話しています」（くじで引いたとはいえない最低な私）

「ええっ？」（当然の反応ですよね）

「もちろんＰＴＡは義務ではないんですけれども、お願いします」

「今お返事しなければいけないんですか？」

「できましたら……。決まらないとみんな帰れないんです。よろしければ15分後にでも改めましょうか……」（自分で言っていていやになる……）

「二度手間になるのもあれですし……」

といった感じでなんとか引き受けてもらえることになりました。

親しいお母さんが、帰り際に「なんかおかしいよね」と声をかけてくれました。

ひどいケースでは、フルタイムで働いているお母さんの会社にいきなり電話がかかってきて、「くじに当りましたから」と引き受けさせられたこともあったと聞きました。おかしいですよね、これ。無理やり押しつけあわなければならないＰＴＡならなくてもいい。どうしたらいいか？　難しいことだとしても、考えるきっかけになりました。

非会員とその子どもを排除してはいけない

ＰＴＡで加入届を配ろうと提案すると、よく出てくるのが「非会員の子どもはＰＴＡからの配布物はもらえない」などという冷たい言葉です。ぞっとします。そんな団体は学校に立ち入らないでほしい。子どもを傷つけないで。

署名「ＰＴＡの入退会自由に関する請願書」に添えられたコメントにも、同様の声がたくさんありました。

退会した家庭の児童を差別することのないようにお願いします。不況や震災で、平日の昼間の集まりに出席できる家庭は少なくなっています。一人一役などの同調圧力で入会を迫るのもやめてほしいです。文部科学省はＰＴＡにまつわる問題点を整理し、泣き寝入りをしている保護者の声を聞くべきだと思います。

入会してないからかハッキリわかりませんが、仲間外れ、見下し、馬鹿にした対応をされます。これはイジメであり少子化に繋がってしまうのでは？　と感じました。今も私にたいする中傷は続いてます。

持病があり役員を断ったら、前ＰＴA役員に（この人正気？）と疑いたくなるような言葉を浴びせられ、その日を境に近所のママから無視、子どもも遊んでもらえなくなりました。理解に苦しみます。

役員を断ったがために、怪電話、怪文書を回された経験があります。

ＰＴＡ役員が無記名の投票によって選出される制度でした。シングルマザーで出張や休日出勤も当たり前な上、子どもの預け先にも苦労しているのに、なぜか「当選」。「名前を書かれたくなかったら、普段から学校に顔を見せて友だちつくってないと」とのこと。忙しくて授業参観にすら出席できないのに、「それならＰＴＡ続けられません」というと、「お子さんに不利益が生じますよ」と脅された。

「加入しないとイジメに遭う、加入しないと先生からの扱いが悪い」そんな団体はいりません。夕方に子どもを放ったらかしにしてパトロールをしないと村八分扱い。子どものために家にいたほうが良いと思います。子ども優先の生活ではなくＰＴＡ優先の生活を強いられるのは困ります。ボランティアではなく強制労働の団体です。子どもを放置して自己実現したい「一部」の方の団体です。皆、村八分にされるのが怖いので仕方がなく加入し、仕方がなく役をやらされているだけです。内心迷惑しているんです。

「非会員の子どもはＰＴＡからの配布物はもらえません」

筆者も、娘の通う小学校のＰＴＡで同じ言葉を聞いて悲しい思いをしました。学校という場で、教育に係わる大人が差別を教えてどうなるというのでしょう。子どもの人権をうたった児童憲章の精神を理解している人なら、こんな台詞は出てこないはずです。それに保護者と子どもは別の存在です。児童生徒はもとよりＰＴＡ会員にはなり得ませんし、保護者がＰＴＡ非会員だとしても、その子どもがけっして差別されないことをルールとしてしっかり浸透させなければならないと思うのです。

「非会員の子どもには卒業証書を入れる筒が配られない」というＰＴＡもあると聞きますが、本来、学校予算で手当てすればいいのでは。いっそ、なくてもいいのではないのでしょうか。

非会員に対して、「あの人お金払っていなくてずるい」みたいな噂をされることもあります。とくに、一見専業主婦にみえる人に対してこういう声が出たりします。でも実際には、在宅勤務だったり、ご本人や家族が病気をかかえていたり、プライベートな事情は様々です。

「みんなやってるんだから」。これもよく聞く言葉です。何か事情があって参加しない（できない）、弱い立場のご家庭を追い込むことになりませんか？　もしかすると、その言葉が精神的な暴力になっているのではないかと思います。

絆をつくる

最近、表情や動作がいきいきしていない子どもが多いな……と感じることがあります。例えば、家族が孤立すると子どもがゆがんでしまうことがあります。問題行動の裏には親の愛情不足や過干渉、果ては虐待などが潜んでいるのかもしれません。子どもの笑顔のためには親自身が豊かな人間関係を築き、人生を主体的に生きることが必要だと思います。それに、子どもは家庭だけで育っていくわけではありません。いろんな立場の大人からいろんな種類の愛情を受けて育つものです。

ＰＴＡに期待するものがあるとすれば、まさにそこではないでしょうか。核家族が閉じこもらず外に出て、共に考えて働くのはとてもいいことです。そのチャンネルの一つがＰＴＡだと思うのです。先述のような非会員の子どもを差別するようなＰＴＡは言語道断ですけれども、ＰＴＡをきっかけに素敵な方と知り合えることもあるのです。もちろん今の時代、ＰＴＡに限らずいろんなネットワークがあります。それでも、媒介役を果たせる場がより多くあるのはいいことに違いありません。

ただし、「これはどうか」と思うのが「地域の嫁」業務。私の経験ですが、本部役員をやっていたとき「避難所の運営協力」という責任の重い業務が降ってきたことがあります。自治体の地域振興・防災課の担当者、各自治会会長、校長、ＰＴＡ役員が出席して会議があり、近々避難所運営の訓練をやるので、これに協力してほしいと。いや、協力してほしい、ではなく「ＰＴＡもやるのが当然」という雰囲気。聞いてないよ〜と思いました。

住民同士の助け合いといえば聞こえはいいのですが、責任の重い仕事でもあります。自治会の方々はお見受けするところ70代、80代。私たちＰＴＡ役員は実働部隊として期待されているのだろうか……。これぞまさに地域の嫁。同調圧力がより強い地域ならなおさらこういうことが増えるのではないでしょうか。

とまあ、不満がいっぱいあったのは事実ですが、いざ避難所運営訓練に参加してみると、「こういうのも必要だな」と思ったのは事実。知ること、経験することは大事です。

適切な個人情報管理

ＰＴＡに児童・生徒名簿を渡す学校は、残念ながらいまだに多いと思います。

本人の同意を得たうえで、ＰＴＡが会員の個人情報を収集するなら法令上は問題ありません。けれど、学校が本人の同意なくＰＴＡという他団体に個人情報を提供するのは許されないことです。ＰＴＡにも個人情報保護法が適用されますので注意しなければなりません。

学校から名簿をもらうのでなく、ＰＴＡの入会申込書等に連絡先の記入欄を設け、ＰＴＡ活動にのみそれを使用する、というのがよいやり方だと思います。自動入会が当たり前になっている学校だと、これができていないところが多いのです。

病歴などの踏み込んだ個人情報を収集しないことも大事です。いやな思いをしている人がたくさんいます。以下は、「ＰＴＡの入退会自由に関する請願書」の署名に添えられたコメントです。

私は、持病があります。子どもが学校へ入学と当時に半強制的に入会となり、いつかやるときが来ると思うだけで、毎年、ＰＴＡが怖いです。ＰＴＡなどというものがなければ、そういう心配も起きないし、持病を抱えている方に無理強いさせることもないと思います。

かれこれ10年近くパニック障害で薬治療しています。６年間で子ども１人につき必ず１回はやらなければいけないと聞かされていましたが、ＰＴＡが任意団体とは知りませんでした……。「やりたくない」のではなく、「できない」状態なのに強制的にやらせるのはおかしいと思います。

私の生死に関わる病気の時に診断書も提出したのに推薦されそうになった。

私はＳＡＤ（社交不安障害）という病気です。人前に恐怖を感じます。ＰＴＡは恐怖でしかありません。免除するには病気を公開しなければいけない。どうして他人にそこまで恥をさらして免除をしてもらわなければいけないのか？　このまま子どもが大きくなるまでこの恐怖と戦わないといけないと思うと消えてしまいたい。そんな私も

ＰＴＡの委員会に参加してます。苦痛でしかありません。

「病気が理由で役員委員を断るなら診断書をもってこい」というひどい言葉を私も聞いたことがあります。法に触れる話ではないとしても、本来のＰＴＡの精神からは外れすぎています。

私のブログにこんな経験談を書き込んでくれた方もいました。「私のところのＰＴＡも春の委員決めのとき、配慮の必要な方は事前に申し出るというシステムでした。深刻な事情が大量に集まり、恐ろしく感じました。役員メンバー全員〈知りたくなかった〉という感想。委員が決まってすぐ、「大急ぎでシュレッダーにかけました」というのです。

ＰＴＡに加入できない、役員や委員まではやれない、という人をそこまでして追いかけなければならないのでしょうか。これもやはり、人道的に問題があると考えます。

スリム化・ボランティア制

働いているお母さんも増えていることですし、負担の少ないＰＴＡにすることは必要でしょう。例えば、各委員会や係の仕事をボランティア制にして、「5人以上集まれば活動するが、それ以下だったら思い切ってその年は活動を休止する」などと決めるのも一つのやり方です。委員決めの時のだんまり大会、もういいんじゃない？　って思うのです。

以下は、「PTAの入退会自由に関する請願書」の署名に添えられたコメントです。

入退会自由にしても無言の圧力がありそうな気がしますが、今よりはぐっと楽になるし、本当にやりたい方だけでやれる範囲でやったほうが楽しいだろうなと思います。

大人がどういう態度で活動しているかを子どもたちに示すのはとても重要です。いやいややっていることに由来するある種の閉塞感はなくなれば良いなと考えています。

子どものため、個人的にスクールボランティアなどの活動をしようと思います。PTAで義務的にあれやこれや駆り出されるのは違うと思います。やれる範囲での協力はするつもりです。

別の学区のママ友から聞いた話ですが、彼女が役員をしていたPTAは驚くほどシンプル。任意加入はもちろんですが、委員会も、ＰＴＡ役員、学年委員の二つに絞って、他の委員は廃止したそうです。運動会や、細々したイベントは学年はじめに保護者ボランティアを募り、パトロールは主に地域の方々にお願いして、手伝っていただいているとのこと。

筆者の学校では委員会も係も当番もたくさんあって、けっこう複雑でした。上記のようなシンプルＰＴＡができれば理想ですね。好きで参加する。この自主性の大切さ、そして楽しさ！　筆者自身も、楽しい時間を過ごしたことがあります。強制ＰＴＡの「やらされ感」とはまるで意識が違うんです。

現実として、ＰＴＡの役員をするのは、どうしても熱心な人が多くなります。人一倍情熱があって体力もある人。そんな人でさえ、内心ではＰＴＡの仕事量を重荷に感じていることもあります。そもそもＰＴＡ全体として仕事量が多いのです。そこで役員の口から出てくるのが、「一家庭一役」「支え合い（忙しい私を助けて！）」「ＰＴＡはみんなで参加」などという言葉。私の経験に限った話ですけれども、あまりにも異口同音に同じ言葉を言う人が多いのです。

ＰＴＡの負担軽減、これに賛同する人は多いと思います。でも、どうしてそれが「一家庭一役」の方向に進んでしまうのか。必要なのは仕事のスリム化であって、やりたくもない人を巻き込むことではないはずです。お互い事情はあるわけですから、「できる人が、

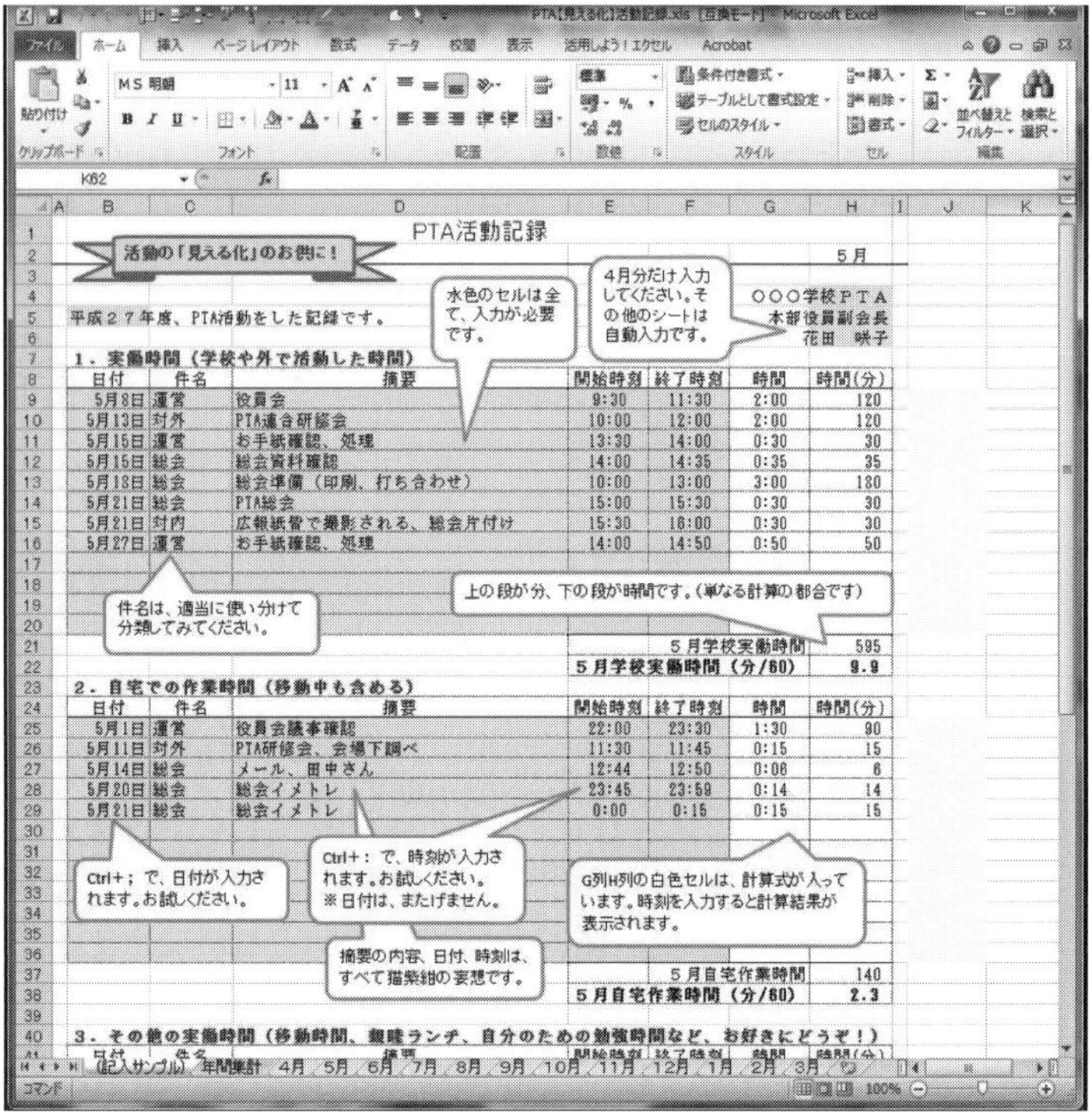

図８「PTA【見える化】活動記録」

できるときに、できることを」でいいと思うのです。

実際、無駄な業務の削減や、個人の負担軽減の方向に進んでいるＰＴＡは多いのです。

業務のＩＴ化を進めるＰＴＡも増えています。たとえば連絡体制や広報活動をＩＴ化した浦安市の小学校のＰＴＡでは、印刷コストが従来の３分の１になったそうです。他にも、バラバラに開催していたイベントや会議などをなるべく同じ日にするよう段取りすることで、仕事をしている人が何度も休みをとらなくてすむようになったというＰＴＡもありました。

ＰＴＡにとられる時間でいえば、『ＰＴＡ再活用論』の川端裕人さんが小学校ＰＴＡの役員をしていた時、活動した時間は年間４０３時間だったそうです。しかもこれは、学校など家の外で活動した時間であって、自宅での作業時間は入っていないそうです。

ちなみに筆者が中学校ＰＴＡで広報委員会副委員長として活動した時間は、学校などで自宅外での活動が45・4時間。自宅での作業が90・7時間。合計１３６・1時間でした。なお、筆者の学校のＰＴＡでは２０１６年度から定例会を廃止し、必要なときに来られる人だけが来る、というシステムにしたため、学校での作業時間は減りました。また、ＰＴＡ活動の見える化として、何日に何時間、どんな作業をしたかを記録するようにしたことで（図8）タイムマネジメントの意識が働き、だらだらした時間が減ったのではないかと思います。

PTAとお金

PTAとお金に関しては、様々な側面があります。

まず、PTAと学校との関係でいえば、PTAの会費やリサイクル事業の収入が、学校の財源として当てにされているという現実があります。かつて、PTAが教員に対して生活補助金という名目でお金を出していたこともあったそうです。今はさすがに改善されていると思いますが、PTAから学校への寄付行為は続いています。理想をいえば、公立学校で、それが教育活動であるならば、全部税金でまかなってほしいと思います。PTAから学校にお金を出すことは、PとTの力関係を時に壊す元凶にもなります。

PTA室であるベテランのお母さんと話をしていたとき、忠告を受けたことがあります。曰く、「学校はPTAの予算を狙ってるから気をつけてね。財布の紐は固く締めて」とのこと。後日、役員会で周年行事の話になったとき、学校のトップから、「あれが欲しい、これが欲しい、いくら使える?」というオファーがありました。忠告がほんとうだったことを知りました。少々大げさな表現をすれば、周年行事積立金と予備費がなくなりそうな勢いでした。やはりＰＴＡは学校のお財布とみられているのかしらと思いました。

汚職や横領に発展することもあります。２０１１年には神戸大付属の小中学校で、後援会の前会長が積立金７０００万円を私的に流用していた事件がありました。任意団体であるＰＴＡは法人格を持っておらず、基本的に通帳も個人名です。通帳の管理や監査体制をしっかりしておかないと、こんなことも起こります。

透明性の確保

ＰＴＡあるあるの一つですが、なにかの議決を行うとき、拍手で承認をしますよね。これ、やめませんか？　役員側は気分がいいかもしれませんが、出席者の何割が賛成しているかわかりません。挙手、あるいは投票にしましょうよ。手間暇はかかりますが、投票にすれば匿名性は担保できます。いずれにしても、空気を読むのはやめよう！

会議では、板書係を設けて議論を逐次可視化していくことで、議論がループするのを避けられます。皆が見ている前で議事録が完成していくので、透明性の確保にもつながります。メモをするなりデータ化するなりしておけば、会議終了後も閲覧することができます。

そうすることで、ＰＴＡの会合にありがちな、ただのおしゃべりで終わってしまって議論に落ちがない、という悲しい事態を避けることもできそうです。ＰＴＡ活動にしまりが出てくるのではないかと思います。

そもそも、集団の意志決定として、やらされ委員、やらされ役員が全会員の代表として議決をとるやり方について、私は懐疑的です。もちろん、前向きに活動している方もおいでです。でも代議制のＰＴＡで、やらされ役員の方々に、全会員の代表であるという自覚は薄いように思うのです。

ＰＴＡから会員に配られるプリントなどに、問い合わせ先が書かれていないこともあります。これでは質問があるときなど、どこに連絡していいかわかりません。たとえば、会員個人の意見を吸い上げるために、「ご意見箱」を設置するのもいいかもしれません。質問があればそれに対する回答を、たとえば運営委員だよりなどに載せることで、ある程度の透明性を確保できるのではないかと思います。すでに、メールとＷｅｂ回答でこれを実践しているＰＴＡもあるそうです。

ＰＴＡを内側から変える

自分の学校のＰＴＡを変えていくにはどうしたらいいか。いちばんの近道は本部役員になることでしょうか。劇的に、短期間で変わることはなかなかないと思いますので、中に入って周囲を説得し、仲間を増やし、徐々に徐々に変革していく、ということになるかと思います。とはいえ、本部役員は時間的な拘束が長いので、そう簡単ではありません。筆者の経験上、ＰＴＡのやり方に疑問を持つ人は仕事をしていることが多いので、いざやるとなるとかなりの負担もあると思います。

筆者の経験で恐縮ですが、娘が小学生のとき、思い切ってＰＴＡの本部に飛び込んでみました。役職は書記です。立候補した理由は下記の5つでした。

1・規約を、会員の自主性を重んじた文言に変更したい。できれば理念を明記した前文をつけ、入会規定・退会規定を作りたい。

2・校長先生が力と熱意のある方なので、一緒に仕事をしてみたい。

3・一緒に何かをやりたいと思える友人が役員に立候補した。

4・子どもが好き！

5・「この人すごい！」と思える方が今までのPTA活動の中で何人もいらした。

こう書くとなにか立派なことを考えているように思われるかも知れません。実は消極的な理由として、

1・娘が一人っ子なのでいずれ役員のなり手として狙われそう。

2・両親と同居、仕事はしているけど在宅なのでやはり狙われそう。

3・役員決めの雰囲気が苦痛だったので、先にやっておけば後々楽になるかな。

ということもありました。

PTAの活動は前例踏襲が多く、実際、そうしたほうが楽です。だから、改革が難しいのです。でも、実際に会長や役員と話をしてみると、「共働きのご家庭が多い今の時代に合わせてPTAも変えていかなくてはと思っている」「仕事があってもお互いに補い合いながら回していけるPTAを目指している」という言葉を聞くことがありました。変化がないようにみえても、PTAの問題について考え、PTAをよりよくしようとしている人はあちこちにいらっしゃるのです。改革の意識をもった人と巡り合ったら、どうすればよりよい方向に向かうのか、みんなで考えて、繋がり合っていくのが、遠いようでも近道なのだと思います。

これも筆者の経験談です。夏休みに入る前、ＰＴＡ会長が言いました。「ＰＴＡも、夏休みにしましょう！」。おかげで、ＰＴＡ関係のメールが入ってこない夏休みを過ごすことができました。もちろん、会合などもありませんでした。

ＰＴＡと教育委員会

任意加入、個人情報の扱い、お金の流れ……。簡単に解決するものではありません。そういうとき、どこに相談するか。まず考えられるのは教育委員会です。ただし、教育委員会がＰＴＡのあり方について自治体の立場から指導することはできません。社会教育法第十二条（国及び地方公共団体との関係）に抵触するからです。ただ、困ったら教育委員会に相談してもいいと私は思います。中には偏屈な頭の固い（失礼）担当者もいらっしゃいます。でも、直接対話することで理屈を超えてわかり合える部分があります。話せる担当者もいらっしゃいます。おそらく「立場上言えないんだよね」ということも多いと思うのですが。いずれにしても、民のほうから相談すれば行政は動くことができます。

とはいえ「行政にできるのはここまで」というラインがあったりもしますから、頼り切りではなく、可能な限りの接点を探る、というスタンスでいったほうがいいと思います。困っていることがあれば、それをできるだけ具体的に、感情的にならず相談するほうが実りは多くなるように思います。

最近では、ＰＴＣＡを目指す動きも増えています。保護者、教職員に加えて地域（Community）の会員も含めて、お互いに学びあい協力し合い成長していければ素晴らしいことです。意欲ある人の参画機会として発展していけば、その地域には学校を中心とした新しい公共の花が咲くに違いありません。

学校とＰＴＡ

ＰＴＡのうちＴのトップ、つまり校長が首を縦に振らないことには、Ｐ側がなにか改革しようとしてもなかなかうまくいきません。実際、私も何人かの校長と任意加入について少し議論をしたこともあります。「ＰＴＡは全員で参加するものだ」と信じて疑わない人もいます。ざっくばらんなタイプの校長先生に、これはチャンスと任意加入の規約について話をして、頷いて聞いてくれてはいたものの、やはりある種の抵抗感をもっていらっしゃるな、と思うこともありました。

あるときは、学年委員の集まりに参加した校長が、熱意があって博識な方だったので、ＰＴＡの入退会自由についてそれとなく話してみたことがあります。その時は、「ＰＴＡに関してはいろいろな意見がある」とかわされてしまい、本音を聞き出すまでには至りませんでした。

ＰＴＡを取り巻く状況から、校長が率先して改革していくというのはなかなか難しいのかも知れません。一方で、「うちの校長、話せるじゃない！」と思うところも多々ありました。ＰＴＡと地域の合同での集会で、あるお年寄りが長話をはじめました。なかなか終わる気配がありません。その時校長が、「この人たちはお母さんなんですよ？　お子さんを置いてここに来ているのですよ！」と話を遮ってくれたことが。またある会議が長引いて、この時は副校長でしたが、役員の時間をとらないようにと率先してお茶碗を洗ってくれたこともあります。

沈滞ムードのＰＴＡから活発なＰＴＡへ。校長はやはりキーマンだといえます。

PTAを外から適正化する

竹内幸枝／千葉県松戸市立栗ケ沢小学校PTA（栗小PTA）で、2018年度から3年間会長をつとめた。入退会の仕組みを整え、活動強制を廃止したほか、会計の適正化や運営のICT化を進めた。これらの取り組みは、東京新聞など各種媒体で紹介されている。子育てにまつわる課題解決を目指す保護者のつながり「マツコ（まつど子育てコネクト）」創設者。現在は「まつどおせっかい部」部長としてPTAの「外から適正化運動」などに取り組んでいる。

石原さん、出会った頃から「猫さん」とお呼びしているので、そうさせてくださいね。猫さんがずっと求めてきた理想のPTA……字数に限りがあるのでまるっと表現させてもらうと、「子どもたちを中心に置き、保護者・教職員である大人たちが主体的に考え、学び、成長できる団体」だったのかなと思います。

PTAが社会問題化して久しいですが、人類は地球規模で課題に向き合わねばならないこのご時世、PTA論争に明け暮れている場合ではないですよね（笑）。猫さんに安心してもらえるよう、PTA健全化計画の歩みを加速したいところです。

私は、運よく志を共にする仲間に恵まれ、栗小PTAの会長を務めた3年間で運営方法を刷新、根付かせることができました。その後は、新聞記者の取材に応じたり、パネルディスカッションに出演したりして、問題提起・情報提供をすることで、PTAに悩む全国の保護者へエールを送ってきました。この活動は、子どもの卒業・進学により必ず他校に在籍することになる保護者たちがブラックPTAに悩まされることがないように、健全なPTAを普及させることが目的でした。しかし、私の努力の甲斐なく、栗小を巣立った保護者たちから、進学先中学校のPTAに困っているとの相談が舞い込んできたため、現在は「外から適正化運動」(後述)に乗り出しているところです。

そこで今回は、この「外から適正化運動」と、栗小PTAの次なるステップ「脱PTA」についてご紹介します。お読みいただいている皆様の参考になれば幸いです。

外から適正化運動

健全なPTAから巣立ち、進学した先がブラックPTAだった時の憂鬱は耐え難いものがあります。とはいえ、自らが改革者となり孤軍奮闘するのはハードルが高い。そこで、部外者である私が超お節介パワーを発揮して、PTAが自ら適正化への舵を切らせる作戦を実行しています。これが「外から適正化運動」です。

なお、「そもそも適正運営を意識できるPTAだったらこうはなっていない」「保護者間の軋轢を生むことが目的ではない」ので、PTAとの不毛な闘いは避け、学校長と教育委員会をターゲットにしています。

護送船団の結成

入会届不整備など、古典的なブラック運営のPTAに賛同できない栗小卒業保護者Aさん。2021年春、賛同する仲間たちと共に当該中学校PTA初の非会員となりました。この勇気ある行動は、次第に栗小保護者の知るところとなり、栗小PTAの運営委員会でも話題にあがるほどでした。栗小PTAの「入会は任意、活動も任意。個人情報や会費を適正運用。差別行為になり得る活動の廃止」に慣れた保護者にとって、当該中学校PTAの運営は到底賛同できるものではありません。

そこで、翌年入学する6学年保護者Bさんを中心に、当該中学校PTAへの入会を希望しない保護者グループが結成されました。途中、子どもの内申点に悪影響が出るのではという声があがり辞退者も出ましたが（学校の闇を感じさせる出来事でした）、約10名（栗小卒業予定保護者の2割、当該中学入学予定保護者の1割程度）の入会保留グループが結成されました。

そして、2022年入学式を前に、当該中学校長に宛てた要望書案を作成し、代表Bさんが提出しました。

〈学校長への要望内容〉

・入会の意思は自らPTAに伝えるので、入学にあたり学校に提供した保護者・生徒の個人情報を勝手にPTAに提供しないでほしい。

・学校徴収金振替口座から勝手にPTA会費を引き落とさないでほしい。

健全PTAへの道は険しい？

要望書は受け入れられ、Bさんはじめ入会保留者約10名は、PTA会費が引き落とされることはありませんでした。

しかし、Aさんの代、Bさんの代で非加入者が増え続けることで、PTAが健全運営に改めるのではないかとの願いは届かず、以下のような理不尽な対応が続きました。

〈教職員から非加入者への電話や手紙の内容〉

・PTAが生徒各々に災害備蓄品を購入するが、非会員の親を持つ生徒には用意しない。担任経由でPTAに現金納付するように。

・PTAが部活動奨励金を各部（在籍生徒数×〇〇〇円）に支給するが、非会員の親を持つ生徒の分は除く。担任経由か部活会計担当に現金納付するように。

これを受け、入会保留グループメンバーは、子どもへの影響を憂慮しそれぞれ対応しました。Aさん、Bさんをはじめとする非加入保護者たちは、もともと積極的にPTA活動をしていた人ばかりです。健全な運営を求めた挙句、フリーライダー扱いされては納得がいきません。

そこで、2023年春、私が新たに立ち上げた市民グループ、まつどおせっかい部「みんなで考えようPTAプロジェクト」で、最終手段に打って出ることにしました。

新入学保護者の非加入希望者を募り、「匿名」で対峙することにしたのです。名乗り出ないから非会員が誰なのか分からない。分からないから非会員対応ができない。PTAは誰が会員なのかを把握するための行動に出るしかない状況にするという作戦です。2・3年生の先輩保護者と一緒に、新入学の非加入希望保護者たちが匿名で学校に要望書を提出しました。

さて、PTAはそもそも任意団体。地方議会でPTAを取り上げる議員さんもいらっしゃいますが、答弁は「行政が指導できる立場にない」が常套句でした。しかし、PTA

に関連した学校による法令違反の疑いは、今回の件に関して考えてみてもこんなにあるのです。

1・学校が保護者から入手した個人情報を、ＰＴＡ活動という学校教育の目的外で利用している個人情報保護法違反の疑い。

2・手紙作成、電話、集金等、学校職員がＰＴＡ非加入世帯への対応に時間を割き、職務専念義務を果たしていない地方公務員法違反の疑い。

3・ＰＴＡによる教育現場での生徒への人権侵害行為（親の属性による差別）を黙認、または加担している学校教育法違反の疑い。

4・ＰＴＡから学校への寄付行為に参加していない保護者に別途納付を強要する地方財政法違反の疑い。

匿名の非加入保護者の登場により、これらの法令違反が一気に解決してほしいと願いつつ、私の市民活動団体の「まつどおせっかい部」から、松戸市教育委員会教育長に要望書を提出し、市内すべての小中学校に以下のとおり実施するよう求めました。

1・保護者が学校宛てに提供した個人情報を了解なくＰＴＡ等に提供しないよう学校長にご指導ください。

2・学校徴収金振替口座を保護者の了解なくＰＴＡ等の会費等の引き落としに使用しないよう学校長にご指導ください。また、ＰＴＡ等の会費等を引き落とす際は、団体からの会員情報提供に基づき該当者に対し行ってください。

3・ＰＴＡ等による生徒への差別的活動を許容しないよう学校長にご指導ください。

4・安易に寄付を受けないよう学校長にご指導いただくと共に、寄付を受けた場合の寄付採納手続きを徹底させてください。これにより、公費で賄うべき教育費用を把握し、予算に反映してください。

5・教職員の入退会の自由も保障するよう、教育委員会として対策を実施してください。

その後の現況

２０２３年６月、当該中学校ＰＴＡは未だに入会届などの保護者の加入意思を確認する手段を講じていません。しかし、学校徴収金の引落としを目前に、なんと、学校が動きました！「ＰＴＡ会費の集金方法については別途、ＰＴＡからの連絡をお待ちください」との連絡が発信され、引落しはＰＴＡ会費を除いた額で実施されたのでした！　これは、適正化への大きな一歩だと期待しています。

実は学校がこの決断を下す数日前、私は、教育委員会に連絡を入れていました。学校による法令違反の告発について警察に相談済であること、不本意な引落しに対しては少額訴訟も視野に入れていることなど。そして、こんな穏やかでない事態も視野に入れなければならないのは辛いと、教育委員会に囁いたのです。ご担当者は「このあとすぐ、中学校長に連絡します」と言ってくださいました。その翌日、学校が動きました。

ここから先は、心から穏やかな展開になるよう望んでいます。ＰＴＡが発端で保護者や教員がギクシャクするのは不毛だし、何より子どものためになりません。子どもたちの幸せを願う任意の団体として、法令を守ってもらい、楽しく活動してほしいから、私たちは、学校がＰＴＡと正しく付き合うよう教員委員会に訴えていきます。

私たちのこれまでの取り組み、この後の展開はホームページで公開していきます。[1]

[1] https://matsudoosekkaibu.amebaownd.com/

脱PTA

冒頭に述べたとおり、栗小PTAは適法で適正な存在を目指し活動してきましたが、解決できていないことがありました。それは、教職員の入退会自由の保障です。

栗小PTAが入会届を整備して以来、歴代の校長・教頭に投げかけてきましたが今一つの反応で、進展しませんでした。学校側があまり踏み込みたがらない理由は、多様化した雇用形態などへの対応でしょうか。いろいろ察するところがありますが、保護者と同様に教職員に対するPTAの在り方も正していきたいという私の思いは変わりませんでした。

そこで決断したのが、会員の対象から教職員を外した「保護者会」への移行です。保護者会であれば、教職員の加入・非加入にこだわる必要がなくなるし、そもそも、全ての児童の幸せを願い、彼等の健全育成のために教職員と保護者が協働していくことはごく自然な取り組みなのだから、その目標達成のために学校と保護者が協働できれば、必ずしもPTAであり続ける必要はないと考えたからです。

臨時総会を経て、2023年4月に発足した保護者会の名称と概要は以下のとおりです。

栗ケ沢小学校保護者の会「チーム栗っ子」

1・目指したのは会員制の「集団」ではなく、子どものために活動したい、学びたい、交わりたい保護者たちのためのプラットフォーム、「機構」。

2・事務局と主体的に活動したい保護者をコアメンバー（これまでいう「会員」）として運営し、対外的には「会員制廃止！」をアピール。

3・会費は存在しない。会の運営は、保護者会の趣旨に賛同いただける保護者・地域の方などからの募金・寄付等を原資に。

4・栗小の保護者たちは、児童の健全育成に寄与するイベントをはじめ、文化的・社会的活動を企画することができ、必要に応じて他の保護者や地域の参加協力を仰ぎながら活動。もちろん任意。

5・学校と保護者会とが、これまでと変わらぬ連携、協働を約束する申し合わせを締結。

6・これまでの運営委員会の概念を改めた「チーム栗っ子ミーティング」を開催。校長・教頭と参加する保護者とが、子どもを取り巻く諸課題について建設的に語らう場に。

7・チーム栗っ子ミーティングは、栗小の保護者全員が参加対象。賛同する地域の方も大歓迎。

ちょっと前例が見当たらないのですが、平たく言うと「子どもの学校生活についておしゃべりしたい人、校長先生のお話が聴きたい人、保護者同士のネットワークを持ちたい人など、理由はなんでもOK！　ミーティングに参加して繋がろう。そして、子どもたちのために何かやりたいことを思いついたなら、それ、やってみよう！」という会です。

私自身は、会長を退き顧問という立場で、ここに至るまで様々な意見を聞いてきました。「労力を提供しなくていい、お金も払わなくていいとなったら無責任な人が増えるのではないか」「お金が集まらなかったら、活動できなくなるのではないか」「一部のやりたい人たちで活動していたら、世代交代がうまくいかなくて団体が継続できなくなってしまうのではないか」など。

責任感のあるメンバーがこのような不安を抱くのは当然のことだと思っています。でも……。団体継続のための手段として「強制・強要」が頭をよぎったなら、一旦リセットを。その手段はもう絶対に復活してはいけません。

子どもたちのために「私たちがやりたいこと」をやる団体だから、労力やお金の提供を無理強いしてはいけないし、やらない人を責める気持ちになってしまう人は、そもそも参加しなくて大丈夫だと伝えました。

「企画したイベントには参加してくれるけど、一緒に役員をやろうと誘うと断られてしまう」と仲間づくりに苦慮するメンバーもいました。私はこう答えました。「それはあなたがいてくれるからよ。その人が第2子・第3子の保護者となった時、周りに誰もやる人がいなかったら、「じゃ、やります」と自分で自分の背中を押すかもよ」と。

まずは私たちがやる。みんなと一緒にやりたい気持ちを大切に、楽しく活動することこそが、後に続く人々への最高の営業活動ではないでしょうか。とりあえず、ＰＴＡの呪縛から解放された教職員からこっそりお礼を言われた時、いいスタートを切れたのかもと嬉しくなりました（笑）。

おわりに

私たちの活動が、猫さんが積み重ねてきた活動の結実をお手伝いできているといいのですが……。猫さんから温かくも鋭いご指摘がいただけないのは残念です。

世間はＰＴＡの要不要論で盛り上がりを見せていますが、そもそもＰＴＡは手段であって目的ではありません。子どもたちの健やかな育ちのために、そして私たちの学びのために、ＰＴＡ自体をしなやかな存在に捉え直すべき時が来ているのだと思います。

猫さんも、そう思ってくれているといいな～。

保護者・市民として教育委員会と対話
～学校とＰＴＡを変えるきっかけに～

ＫＫ（ハンドルネーム）／大分県大分市在住、高校生の子どもがいる母親。２０１５年、小学校のＰＴＡで初の非会員となった。ＰＴＡの適正化を促すため、校長や教育委員会担当者との対話を繰り返し、成果をあげてきた。

いつのまにか入会させられていたＰＴＡや子ども会。いつ、誰が、どこで、保護者に対して入会の意思を確認したのか、記憶にありません。そんな素朴な疑問から始まった８年間の歩みを振り返ってみたいと思います。

私が「ＰＴＡは入退会が自由な任意加入団体」と知ったのは２０１５年春です。以来、ＰＴＡについて調べ始めました。

子どもが入学した小学校では、年度初めの授業参観と懇談会の間にＰＴＡ総会が組み込まれており、案内文は校長とＰＴＡ会長の連名でした。総会の入口では役員が学級名簿を利用して出欠確認を行っていました。

私がベルマーク委員をした時、各委員にクラス名簿が配布されました。しかし学校は、第三者であるＰＴＡに対して保護者から個人情報の提供の同意をとっていませんでした。

ＰＴＡとの話し合いと退会へ

翌月、私は校長とＰＴＡ会長、副会長に会い、ＰＴＡの任意加入の周知と入退会届の整備、個人情報の取扱いについて現状の改善を求め、話し合いを行いました。この時は「理事会に持ち帰る」と言われたきり進展がなかったので、教育委員会に出向いて相談をしました。しかし、教育委員会も「学校に確認しないと何とも言えない」という対応でした。さらに、個人情報担当部署である情報公開室に行ったところ、「保護者に同意なく第三者であるＰＴＡに個人情報を渡すのが事実ならば条例違反」と言われました。

教育委員会が校長に確認した結果「保護者の同意を得ずＰＴＡに個人情報を漏洩していた」ことが分かり、校長に対して教育委員会から注意があり、翌年度から改善されることとなりました。

その後、任意加入周知や活動のスリム化について、ＰＴＡ会長や校長と何度も話し合いをしましたが聞き入れられることはありませんでした。さらに、任意加入の周知がないまま次年度の役員選出の案内文が配布されたため、私は納得がいかず、自作した退会届を校長とＰＴＡ会長宛に提出し、その小学校で初のＰＴＡ非会員になりました。

中学校PTAも自動入会と聞き、非加入の可能性を伝えたところ、校長から「PTAが出資する観劇会等の学校行事について非会員は実費負担が必要だ」と告げられました。私は「費用が惜しいのではない。学校行事で必要な費用は学校が徴収を行うべき」と伝えると、「検討する」旨の回答がありましたが、新年度に校長は異動してしまいました。

7、8年前はこのように、学校や教育委員会とやりとりをしてもほとんど手ごたえがありませんでした。

大分市教育委員会とのやりとり

私が初めて大分市教育委員会を訪れたのは2015年6月でした。当時、教育委員会の担当者は、私が指摘するPTAの問題点を理解していませんでした。翌2016年度に担当者が交替しましたが、状況はほぼ変わりませんでした。

2019年1月、市内の別の小学校PTAを退会予定の友人と連絡を取り合うようになり、以後4年に及ぶ教育委員会との関わりが始まりました。PTAを退会することでいやがらせをされる可能性があると考え、教育委員会にメールで問い合わせました。その内容が下記になります。

・入学する児童生徒の保護者に同意なくＰＴＡや子ども会等第三者へ個人情報を提供していた学校はこれを改める。提供するには保護者の同意を取り希望する保護者にのみ勧誘する。

・ＰＴＡは入退会が自由な任意加入の団体と説明し、規約に入退会規定を整備。入会届で会員の情報を取得し、学校が保護者に無断で提供しない。

・入会しない家庭の子どもが、ＰＴＡや子ども会が行う安全指導（登校班編成）や物品配布や学校行事において、参加の制限や実費請求を受けない。

・ＰＴＡへの入会の意志確認をしないまま、入学式後に体育館に閉じ込めるようなやり方での役員や係決めをしない。

・役員決めの際、病気、介護、障害のある家族がいる等、要配慮個人情報に関わることを聞こうとしない。また、「他の保護者の許可を得ないと免除はできない」といった、脅迫行為や人権侵害をしない。

・給食費をＰＴＡや子ども会で集金する地域があるが、どちらも問題があるので、公会計化の導入を希望する。

・熊本市の「学校におけるＰＴＡ加入世帯・非加入世帯への対応について（通知）」（後述参照）と同様の通知を出し、ＰＴＡや子ども会が適切な運営が出来る支援を希望する。
・授業参観や保護者懇談会等の学校行事の案内文は主催を明確にする。学校行事をPTA行事のように思わせるやり方は改善する。
・有料の一斉メールサービスの利用にPTA会費をあてる学校があるが、公費での導入を希望する。

これに対して、教育委員会の回答は、以下のようなものでした。

・毎年「児童生徒名簿」等の個人情報の適切な取扱いについて全学校へ通知、指導している。
・PTA加入は強制的なものではなく、あくまでも保護者の意思が尊重されるべきであり、PTAへの加入は任意であると認識している。
・学校給食費の公会計化については現在調査研究中。
・学校での安全指導は保護者のPTA加入の有無に関係なく、全児童生徒に対して平等に安全対策を行っている。
・PTAや子ども会に対し、適切な運営について助言をしている。

・学校で行う参観授業や懇談会は学校が主体であり、今後、案内文書の記載に関して指導したい。
・平成28年度から各小中学校で、自校のPTA活動について入学説明会等に合わせて会長から説明を行っている。

以上の回答は、私や友人の知る実情とかけ離れた箇所もありつつ、多少前向きな姿勢を感じさせるものでした。

熊本市教育委員会とのやりとり

2018年、熊本市のある小学校PTAが、非加入世帯に学校メールを配信しないことなどを記載した文書を、保護者に対して配布したことが西日本新聞で報道され、大きな反響を呼びました。これはいわばPTA非加入家庭への「ペナルティ」文書であり、差別的だとして問題になったのです。

後日、同新聞が報じた熊本市教育委員会の見解は、PTA非加入世帯への差別的な扱いがないよう配慮したものでしたが、今後また同様の問題が起きないよう「熊本市教育委員会として、具体的な取り組みや再発防止の手だてとして全校長に通達すべき」と私が問い合わせをしたところ、教育委員会から「当該校長には教育委員会の見解を全保護者へ通知するよう指示し、3月末に開催した校長会で周知した」との回答が届きました。以下が通知の文面になります。

「学校におけるPTA加入世帯・非加入世帯への対応について（通知）」
学校におけるPTA加入・非加入世帯への対応については、平成30年度から原則以下のように取扱ってください。

1・保護者の加入の有無に関係なく児童生徒へは平等に対応する。
2・PTAからの依頼については、全児童生徒が対象となる場合のみ対応する。
3・学校からPTAへ依頼する場合にも、全児童生徒が対象となる場合のみ依頼する。

私が求めたことを受けとってくれた、思い出深い通知です。

再び、大分市教育委員会とのやりとり

2019年6月には、大分市立学校全80校分の公文書公開請求を行いました。対象は個人情報の取扱いに関する文書や授業参観・懇談会の案内文です。

公開された文書を見ると、個人情報の同意書が条例に則っていない学校がいくつかありました。教育委員会は同意書のない学校に対し、同意書を配布するよう指導しました。授業参観と懇談会の案内文も校長とPTA会長の連名が多く見られましたが、「翌年度より改める」とのことでした。この時の教育委員会の担当者は私の話を真摯に聞き、1年かけて改善することを約束してくれました。

その後、教育長や教育委員会担当課と話をしたところ、担当課が大分市PTA連合会と話をし、各単位PTAにも周知し、来年度から改善できるように取り組んでいるとのことでした。

2学期になり、3月末にPTAを退会した友人の元に、校長から実費請求の見積書が届きました。大分市教育委員会に連絡し、担当課長と担当者、友人、私、当該学校管理職による話し合いをしたところ、学校管理職から友人に説明と謝罪があり、文書のデータは後日削除されました。PTA会長からも後日謝罪があり解決しました。

その後も公文書公開請求を続けたところ、適切な文書が配布される率が上がっていきま

した。差出人と件名が適切だった率は、1学期5％、2学期75％、3学期89％と上昇し、2020年以降はすべての学校でおおむね適切な文書が配布されるようになりました。

私と友人はさらに、公費による一斉メール導入を求めました。2020年時点、大分市の多くの学校がPTA予算で有料メールサービスを利用していましたが、2021年度からは市内全小中学校で公費による一斉メールシステムが導入され、2022年度から本格稼働しました。

給食費については、2022年度より全市立小中学校で公会計化されました。PTAや保護者は徴収に携わらず、2023年度からは学校徴収金（学年諸費・学級諸費等）も現金徴収から学校徴収金システムの口座振替となりました。

学校徴収金システム導入前に、不適切な取扱いが起きないよう教育委員会に申し入れを行いました。PTA会費、学校への寄贈が目的の卒業記念品費、同窓会費等、児童生徒個人に還元されないものは学校徴収金として取扱わないよう、各学校長に事務連絡がされました。

おわりに

8年前、2015年に「PTA問題は学校の問題です」と私に語った教育委員会担当者の言葉を今でも思い出します。校長が、保護者とすべての子どもに不利益がない姿勢を示せば、PTAが抱える問題の大半が解決するのではないかと思います。

私にとっては、管理職としていずれ学校へ戻るであろう教育委員会担当者が意識を変えてくれることを願って奮闘した4年間でした。

子どもが義務教育を終え、私が大分市立小中学校の様子を知ることはもう難しくなりましたが、職場の友人たちからPTAの様子が漏れ伝わってきます。「任意加入の周知を行い、入会制に移行し規約を整備した」「PTAを一旦解散し、新しく立ち上げなおした」「前の年は加入したが不都合がないので今年度はPTA非加入になる」等、8年前には考えられないレベルで当地のPTAをめぐる状況が進展していることを実感します。

遠回りではありましたが、私と友人の教育委員会との関わりも、学校とPTAを変えるきっかけになったのではないかと思います。

私は、PTA問題に長く取り組んできた人たちから、バトンを渡されてきたと思っています。たくさんの先輩方を思い浮かべますが、中でも2021年に旅立った石原慎子さんと、これからの学校とPTAや保護者のあり方を語り合ったことは忘れません。

以前、慎子さんからこんな言葉を聞きました。「教育委員会は直接PTAに指導はできないから、民からPTAが変わるのを待っている」と言うのです。この言葉に何度も励まされ、諦めず続けられたと感じます。

２０２１年１月からは、大分市以外の県内各自治体の教育委員会に対しても公文書公開請求を行い、改善点の提案をしています。複数の教育長から、個人情報の取扱いについての通知、親の属性で子どもが不利益を受けない、といった取り組みが進んでいると説明を受けています。

子どもが学校に入学しただけでＰＴＡへの入会や活動を強いられ、入会しないと親子で苦しめられる時代は終わりが近づいています。今後さらによい形になるよう、これからの保護者に期待しています。

「これからのＰＴＡ」にアップデート

下方文司／名古屋市立吹上小学校ＰＴＡで、２０１４年度から６年間会長・副会長をつとめた。入退会手続きの導入に先立ち、会員が主体的に参加する「活動エントリー制」や、これを支えるメールシステムを導入し、そのノウハウをネットで広く共有したため、多くのＰＴＡの参考とされた。２０１７年から６年間、名古屋市立小中学校ＰＴＡ協議会で役員をつとめ、『ＰＴＡ運営ガイドライン』の発行に尽力した。

転換期のＰＴＡ～どうアップデートしていくか

いまＰＴＡは転換点にあるといえるでしょう。さまざまな社会の変化に対応するために、「これからのＰＴＡ」にアップデートが求められています。ＰＴＡの役員をされている方たちからも「いまのままでいいと思っているわけではないけれど、変えたいと思いながらもどうしたらいいかわからない」という声をよく聞きます。

筆者は名古屋市立吹上小学校ＰＴＡの会長として、それまで各学級で２名選出されていた学級委員を廃止し、その委員が担っていた活動を分類・分割し、それをすべて募集で集まった人だけで活動する「活動エントリー制」を導入するなど、入退会も活動への参加も自由に主体的に選ぶ「さわやかなPTA」を目指して運営のあり方を変えました。

本稿では、「PTAのあり方を変えたい」と思っている方に向けて、名古屋市立吹上小学校PTAでの取り組みも紹介しながら、「これからのPTA」にアップデートするポイントを述べていこうと思います。

「これからのPTA」は入退会自由・主体的な参加～前提のアップデート～

「これからのPTA」へアップデートするには、まず、運営の前提をアップデートすることが必要です。

それは、「いままでのPTA」で運営の前提とされてきた「全員入会・全員参加」を「入退会自由・主体的な参加」に切り替えることです。

「入退会自由・主体的な参加」を運営の前提として、主体的に「入会したい、参加したいPTA」を目指して「これからのPTA」にアップデートしていきましょう。

「いままでのPTA」は難しい～アップデートの必要性～

なぜいま、PTAはアップデートが求められているのでしょうか。それは、例えば以下のような社会の変化に対応する必要があるからです。

1・PTAの担い手の減少
2・「PTAは入退会自由」が広く周知・認知されてきた
3・個人情報保護法改正

1・PTAの担い手の減少

PTAを取り巻く社会の変化として、もっとも大きなものは「活動の担い手」の減少です。「いままでのPTA」の多くは、主に専業主婦が活動する『専業主婦』担い手モデル」で運営されてきました。しかし、「専業主婦」の比率は大きく減少しています（図1）。

さらに、子どもの数の減少により子どもをもつ世帯の数も大きく減少しています（図2）。この約40年間（1980～2022年）の〝専業主婦〟の減少（47％）と世帯数の減少（子どもの数53％）を掛け合わせると、24・8％にまで減少していることになり、「〝専業主婦〟担い手モデル」の担い手が4分の1以下にまで減少しています。これでは「いままでのPTA」の活動を続けることは難しいでしょう。

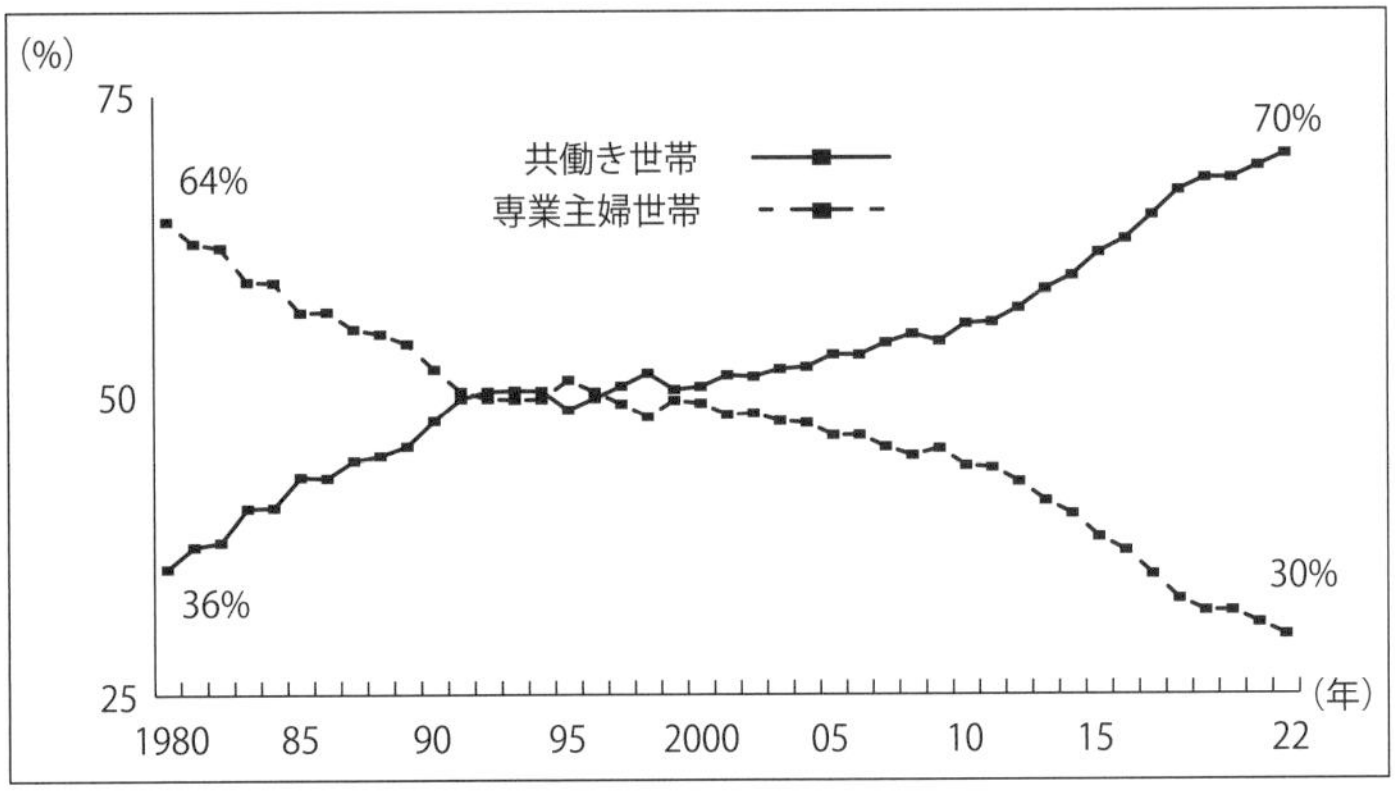

図１：図1専業主婦世帯数と共働き世帯の数の推移。
資料：労働政策研究・研修機構 2023『早わかり　グラフでみる長期労働統計』

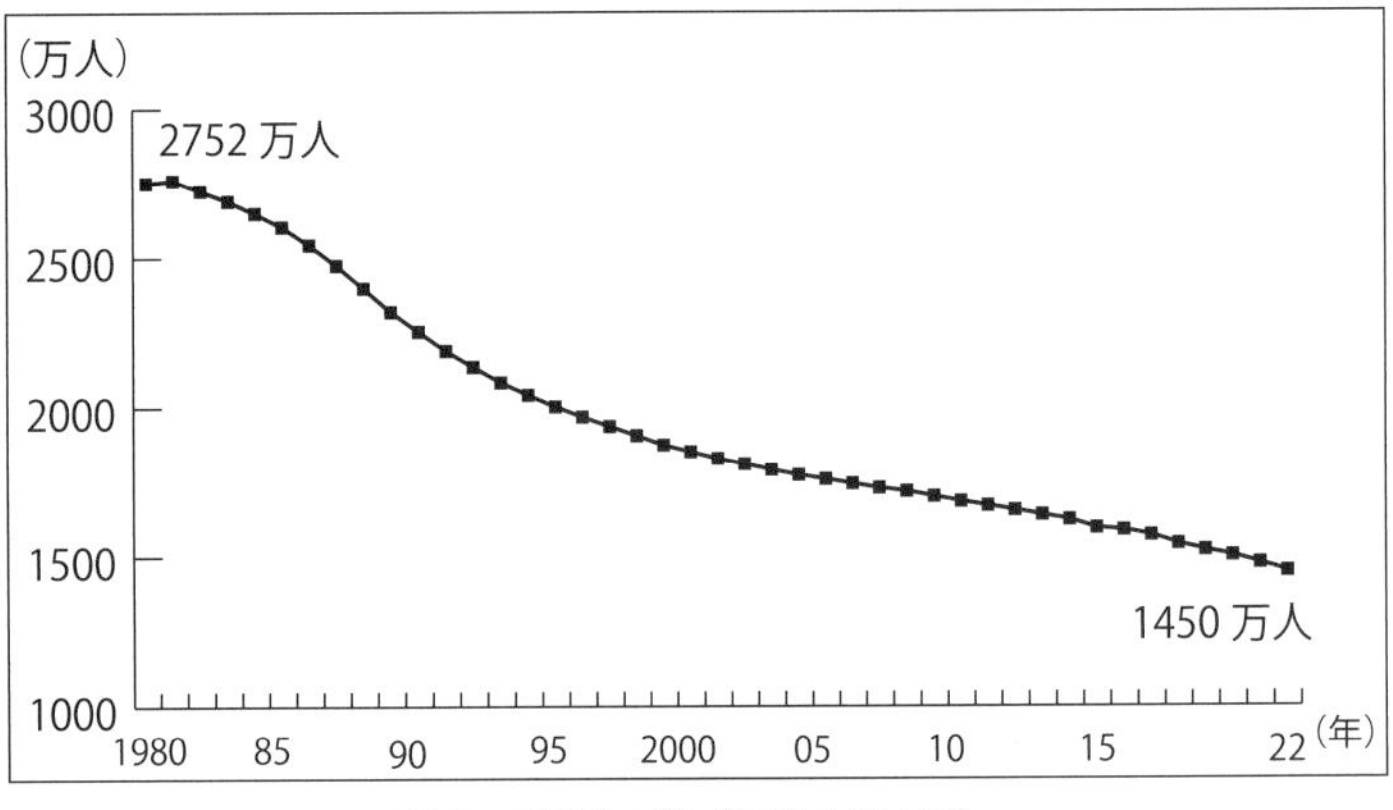

図２：子どもの数（15歳未満人口)。
資料：『人口推計』総務省統計局　各年10月1日現在

2・広く周知・認知されてきた「PTAは入退会自由」

マスコミなどで「PTA問題」＝「社会問題」として取り上げられる機会が増えています。その際、大前提として「そもそもPTAは入退会自由の団体」と説明がされ、PTAへの入会が保護者の義務ではないことが広く周知・認知されるようになりました。「いままでのPTA」の「子どもが入学したら自動入会」ではなく、明確な「入会意思確認」の手続きが必要になります。

3・個人情報保護法改正

個人情報保護法改正前は5000件以下の個人情報を取り扱う事業者は対象外とされてきましたが、2017年5月30日の改正により、PTAも「個人情報取扱事業者」に該当することになりました。これによってPTAも「個人情報保護法」に則って会員の情報を取り扱うことが求められるようになりました。「いままでのPTA」の会員の個人情報の入手や取り扱いの方法ではなく、対応が必要となるPTAも多いのではないでしょうか。

「イヤイヤPTA」からのアップデート

社会は、担い手が豊富だった専業主婦と世帯数が多い時代から変化しています。担い手不足にも関わらず「いままでのＰＴＡ」を維持しようとするために、「イヤイヤ参加」が多くなった結果、「ＰＴＡ問題」＝「社会問題」として指摘されるようになってきたという側面があるのではないのでしょうか。ＰＴＡへの入会が「保護者の義務」ではなく、「入退会自由」であることが広く周知される中、「イヤイヤ参加」の「イヤイヤＰＴＡ」のままではその存続は難しいでしょう。ＰＴＡが今後も存続すべきかどうか、「ＰＴＡの要・不要」は議論のあるところですが、どのようなＰＴＡなら「あったらいいＰＴＡ」といえるのか？　という条件を考えることが大切だと思います。

以下では、「入会したい、参加したいＰＴＡ」を目指してアップデートするためのポイントを３つに整理して述べていきます。

「これからのＰＴＡ」～３つのアップデート～

「これからのＰＴＡ」＝「入退会自由・主体的な参加」を運営の前提とした、「入会したい、参加したいＰＴＡ」にアップデートするためのポイントを以下の３つに整理しました。

１・手続きのアップデート

２・活動参加のアップデート

3・目的・活動のアップデート

1・手続きのアップデート〜個人情報の取扱・入会申込書〜

これまで多くのPTAでは慣習的に、子どもが学校に入学すると保護者が自動的にPTA会員となる「自動入会」で、明確な意思確認が行われてきませんでした。

これからは「個人情報取扱事業者」として、適切に個人情報を取り扱うためにも以下の3つの課題をクリアするアップデートが必要です。

- 意思確認なく入会となる「自動入会の課題」
- 本人の同意なくPTAが個人情報を取り扱う「個人情報の課題」
- 意思確認なく会費が引き落とされる「会費徴収の課題」

名古屋市立吹上小学校PTA（以下、吹上小P）では、「個人情報取扱規則」を作り、学校と「業務委任契約」を結んだ上で、「PTA入会申込書・会費引落委託及び個人情報取扱同意書」を入会希望者に提出してもらうことで、この3点の課題を1枚の書式でクリアしています。

年　月　日

名古屋市立吹上小学校　ＰＴＡ会長　行

ＰＴＡ入会申込書・会費引落委託及び個人情報取扱同意書

私は、名古屋市立吹上小学校ＰＴＡに入会します。

つきましては、ＰＴＡ会費（月額400円／児童）の引き落としを学校に委託することに同意するとともに、個人情報取扱規則・保護方針の事項を確認のうえ、以下の個人情報の取扱いに同意します。

会員氏名：＿＿＿＿＿＿＿＿＿＿＿＿＿＿＿＿㊞

緊急連絡先電話番号：＿＿＿＿＿＿＿＿＿＿＿＿＿＿

住所：名古屋市　　　区＿＿＿＿＿＿＿＿＿＿＿＿

＿＿＿＿＿＿＿＿＿＿＿＿＿＿＿＿＿＿＿＿＿＿

児童氏名：　年　組＿＿＿＿＿＿＿＿＿＿＿＿＿

　年　組＿＿＿＿＿＿＿＿＿＿＿＿＿

　年　組＿＿＿＿＿＿＿＿＿＿＿＿＿

　年　組＿＿＿＿＿＿＿＿＿＿＿＿＿

および、メーリングリスト委託業者に本人が登録したメールアドレス

図３：「ＰＴＡ入会申込書・会費引落委託及び個人情報取扱同意書」
名古屋市立吹上小学校PTA

2・活動参加のアップデート～活動エントリー制～

おそらくＰＴＡの課題として最も大きなものが、「子ども一人につき１回は委員・役員を引き受ける＝１子１回ルール」や「子どもの卒業までに役割に応じた規定のポイントを獲得する＝ポイント制」などの「義務的・ノルマ的な参加」でしょう。

義務的・ノルマ的な「イヤイヤ参加」がＰＴＡをイヤなものにするのはもちろん、これではやりがいのある活動にもなりません。「参加したい」と思う人が参加することでＰＴＡの活動は活発になります。

吹上小Ｐでは、「やってもいいと思った人が、やってもいいと思ったときに、やってもいいと思ったこと」をキャッチフレーズに、これまで各学級・各地区から選出された学級委員・地区委員をすべて廃止し、委員が担ってきた役割を分類・分割し、すべてを募集して、集まった会員だけで活動する「活動エントリー制」を導入しました。

吹上小Ｐの「活動エントリー制」は、活動の形によって以下の２種類に分け、年度当初に年間の活動を一覧にした「活動ガイド」と「参加アンケート」を配布し、それぞれの方法で募集し活動しています。

・通年・一定期間で活動する「サークル・エントリー」
新聞作り・セミナー企画・バレーボール・読み聞かせ・新しいサークル活動の提案など。年度当初の「参加アンケート」で募集
・その都度募集する「ピンポイント・エントリー」
セミナーへの参加・学校のお手伝いなど。メールシステムに登録した会員に、都度メールで募集

「活動エントリー制」で運営するための大事なポイントは以下の3点です。

・募集しても集まらなかった活動はできない
・集まった人たちで活動の内容・やり方を決める
・役員で穴埋めをしない

「活動エントリー制」で大切なのは、集まった人たちの「主体性」を最大限尊重することです。吹上小Pでは2017年から導入し、募集して集まらなかったものもいくつかはありましたが、その年度はその活動のニーズがなかったと判断し、問題なく運営を続けら

れています。

3・目的・活動のアップデート

ここまでの「手続きのアップデート」と「活動参加のアップデート」だけでは「入会しなくてもいい・参加しなくてもいいPTA」になってしまう可能性もあります。「これからのPTA」＝「入会したい、参加したいPTA」を目指すには、「目的・活動のアップデート」が最も重要になります。

それぞれのPTAの会則・規約には、「子どもたちの幸福な成長をはかることを目的とする」というような「目的」が規定されていることが多いのではないでしょうか。子どもたちの通う学校

吹上小学校PTA　活動ガイド　令和4年度版　　重要　保存版

様々な関わり方を選んで参加できるＰＴＡ～平成29年度より吹上小学校のＰＴＡ活動はかわりました

参加スタイルは様々です、ぜひ誘い合ってご参加ください

その年「できる範囲で」「できることを」「できる時に」選んで参加できます♪

この他に　交通当番（有志活動）・ＰＴＡ役員（依頼があり、引き受けられる場合は）があります

気軽にメールでお問い合わせください

参加スタイル	PTA会費 財政活動	行事ごとに参加 イベントごとにメール配信して募集			有志での活動 日程は活動ごと／参加メンバーで調整します			サークル活動 一年間を通して活動（いつでも入れます）		
活動内容	より良い教育環境の整備 公費外で必要なものを、会費で購入しています	学校のお手伝い みんなで少しずつ 学校行事のボランティア（代表的なものを記載）	吹上小で行う セミナーや行事に参加 吹上小ＰＴＡ主催のセミナーや行事に参加できます	外部セミナーを聴講 市PTA・教育委員会が主催するセミナーなどに参加できます	セミナー企画 吹上小PTA主催のセミナーを企画運営	ＰＴＡ広報 学校行事のようすやPTAの活動内容を伝えます	サポートメンバー PTAのことを話し合ったり運営の手伝いをしてみませんか？	くるり 教室で子どもたちに絵本の読み聞かせ	PTAバレー 仲間みんなで楽しくバレーボール初心者もどうぞ	学区安全見守り隊 学区の安全のためにできる事をできる時に
備考	400円／月	募集人数	募集人数	募集人数				休止中	別紙参照	休止中

4月　ＰＴＡ総会（紙面開催）

PTA会費 財政活動（5月～10月）：学校の置き傘　体育館の扇風機などの備品購入や部活動の費用補助（大会参加費・交通費など）観劇会の補助など

学校のお手伝い みんなで少しずつ

東門・ピロティで入校許可証シールの配付と来賓の受付け

行事	募集人数
運動会受付（午前中）	20
運動会片付け（閉会式後）	∞
フェスタふきあげ受付	12
交通訓練サポーター	10

終了後にテント・机などの片付け

・入校許可証シールの配付
・来賓受付
・駐輪場の声かけ

5・6年生が一般道で自転車教習をするとき、警察官や交通指導員のもとで子どもの安全確保をします

吹上小で行う セミナーや行事に参加

子ども達と同じメニューを、高学年と同じ量だけ試食できます　配膳・後片づけは参加者で協力して行います

行事	募集人数
給食試食会（平日お昼前後）	∞
第１回 家庭教育セミナー	∞
夏のPTA全市一斉パトロール	∞
あい・あい・あいさつの日	∞
第2回 家庭教育セミナー	∞
冬のPTA全市一斉パトロール	∞
春のPTA全市一斉パトロール	∞

登校する子どもたちに「おはよう」と声をかけます

学区内の危険箇所をチェックします　1年に３回開催します　特に危険だと思われるところは警察や土木事務所へ改善を依頼します

外部セミナーを聴講

低学年向き、親子で参加。後半はミッフィーファミリーコンサート！土曜日AM、2時間ほど

セミナー	募集人数
親子で楽しくはみがき（歯を守るよいこの会）	4
防犯・護身術♪（安全ボランティア講習会）	2
著名人のセミナー（父母と教職員のつどい）	3
イベント・ワークショップ（ファミリーデーなごや）	∞

プロから学べます、護身術実習あり　平日・午前・2時間　ガイシホール

著名人のお話を聴けます　毎年、話題の人が登場しますよ　平日・午後・2時間　公会堂

名古屋全市の小中学校PTAが子ども向けワークショップを開催　ステージ企画も楽しい　土曜日・終日・出入自由 ガイシホール

1年間で６回のセミナーが開催されます　開催日や内容が分かったら、PTAメールで募集します！

セミナー企画

セミナー事業説明会

家庭教育セミナー（過去の例）　開催までに1～2回集まります（日程は相談）

セミナー開催

家庭教育セミナー（今後の計画）　オンラインも併用して参加しやすい行事を計画していきます

セミナー開催

こんな話がききたい　こんなワークショップがしたい　例：防災・減災について　子どもの思春期への対応　ひとりで聴きに行くには難しいこともPTAでならみんなで学べますよ

ＰＴＡ広報

中日新聞社主催の広報つくり教室　何がポイントか、よくわかります

新聞づくり講習会

広報つくり（過去の例）　「吹上PTA」1号発行（※）

新しい業者さんにかわって　ぐんと「楽しく」「楽に」広報を作れるようになりました！　ミーティングのその場で自分たちの要望を形にしてくださるので達成感があります！　集まる時間・回数は相談で決めます

広報つくり（今後の計画）　ブログでの活動報告へ移行する予定です。ブログ管理をしてくれる人を募集し

サポートメンバー

先生も交えて、一緒にPTAや学校のことをお話ししたり、運営を少し手伝ってみませんか

もちろん友達と一緒に参加してもＯＫです　お誘いあわせて参加して下さい

「この行事なら参加できるよ」「講演会を聞きに行くだけならできるよ」などのスポット参加も一定期間だけの参加も自由です

多くの人で少しずつ活動して、運営をサポートしてもらえませんか？

くるり

水曜日・朝　8：20～35

現在は休止中　再開時に募集します

PTAバレー

金曜と日曜の夜　小学校の体育館で練習しています　お子さん連れでも大丈夫です

バレーボール大会に参加　応援もよろしく

昭和区スポーツセンターで楽しく応援しましょう！　お子さんも一緒にどうぞ♪　朝10時ごろ～

そういえば大人になってから身体を動かしてないなあという方、仲間になりませんか？

学区安全見守り隊

子どもたちの暮らす学区の安全のためにできることを話し合いながら活動します

図４「ＰＴＡ活動ガイド」名古屋市立吹上小学校PTA

を基盤とする団体ですから「子どもたちの幸福のため」という大きな「理念」としては間違いのないものだと思いますが、「目的」というには大きすぎるのではないでしょうか。それが大きすぎるために、活動の意味を考えたり判断したりする基準を見失いがちになり、「これが本当に子どもたちのためなの？」という疑問が上がることもある一方、子どもへのプレゼントやイベントに偏ったりすることもありがちです。

「これからのＰＴＡ」は、「入会したい、参加したいＰＴＡ」と感じられるような目的と、その目的に沿った魅力的な活動が必要になります。それはＰ

<お願い>4月上旬配信のPTAメール「参加アンケートのお願い」から回答してもらえると助かります

吹上小学校PTA参加アンケート（令和4年度　提出用）	兄弟姉妹がいる場合は、一番下のお子さんの学年・お名前を記入してください 年　組　番　児童 氏名： 保護者氏名：	4/15(金)までに提出をお願いします（メール回答も）

参加スタイル	参加者として関わる（その都度、募集します）			有志で企画・運営する（活動日程はメンバーで調整します）		PTA運営のお手伝い	PTA運営	サークル活動 年間を通して活動・募集		
	学校行事のお手伝い	セミナー・行事への参加								
	学校ボランティア	吹上小で行うもの	市PTA・教委などが主催するもの	セミナー企画	PTA広報	サポートメンバー	PTA役員	くるり	PTAバレー	学区安全見守り隊
	◯ 都合がつけばどれか↓に参加してみたい（時期が近くなったら募集します）			◯	◯	◯	◯	休止中	◯	休止中
4月	ＰＴＡ総会（紙面）				PTA新聞からブログの活動報告へ変わります ブログの管理をしてくれる人を募集中です	PTA運営に少し関わってみませんか。①旗当番表の作成②メール管理は在宅でもできます、ぜひ力を貸してください！	PTAを運営する裏方さんです。	授業前の教室で、子どもたちに絵本の読み聞かせをしませんか	夏の大会に向けてチームで楽しく汗を流そう！	学区の安全のために、できる事をできる時に
5月〜6月	遠足　交通見守り活動 運動会準備（前日の午後） 運動会受付（午前中） 運動会片付（閉会式後）	給食試食会	歯を守るよいこの会	セミナー事業説明会 家庭教育セミナーの企画①						
7月		第1回 家庭教育セミナー 夏のPTA全市一斉パトロール	安全ボランティア講習会	家庭教育セミナー①						
8月										
9月			父母と教職員のつどい							
10月				家庭教育セミナーの企画②						
11月	フェスタふきあげ受付 交通訓練サポーター	あい・あい・あいさつの日 11/1								
12月	思春期セミナー（5年生の保護者で募集）	第2回 家庭教育セミナー 冬のPTA全市一斉パトロール		家庭教育セミナー②						
1月			ファミリーデーなごや 1月中旬（土）							
2月										
3月		春のPTA全市一斉パトロール								
	今年度は参加できそうなものはない → ◯									

図５「ＰＴＡ活動参加アンケート」名古屋市立吹上小学校PTA

TAの「子どもたちのため」とはどのようなものなのかをより明確にすることであり、PTAの「子どもたちのため」のアップデート」ともいえるでしょう。

「PTAとは何か?」〜子どもたちのためのアップデート〜

PTAの「子どもたちのため」とはどのようなものなのか。それは、PTAとは何をする団体なのか、すなわち「PTAとは何か?」を考えることにほかなりません。

筆者の結論を先に述べておきます。PTAの「子どもたちのため」とは「保護者と教職員・保護者同士の信頼関係」であり、PTAとは、その基盤作りをするための団体だと考えています。多くのPTA役員さんや学校の先生と話していると、PTAを「学校のお手伝いをする保護者の団体」と理解している人が多いと感じます。この理解を「保護者と教職員・保護者同士の信頼関係づくりの団体」にアップデートすることが必要だと考えています。

PTAは「PとTのアソシエーション」

PTAは、「保護者=P」と「教職員=T」という、それぞれ「家庭」と「学校」で「子どもの教育」を担うもので構成される「アソシエーション=A」です。

「アソシエーション」とは「ある特定の関心を追求し、一定の目的を達成するためにつくられる社会組織（R・M・マッキーバー）」のことですから、PTAとは、保護者と教職員が「子どもの教育」という共通関心で結びついた団体といえるでしょう。

PTAは「保護者の団体」ではなく、「PとTのアソシエーション」です。

PTAの結成が進められた意図～教育の責任を分けあう～

PTAは第2次世界大戦終戦後に結成が進められました。その際に発行されたパンフレットが『父母と先生の会―教育民主化への手引―』（文部省　1947）です。

これに書かれている結成が進められた意図は「家庭と学校と社会で、教育の責任を分けあう」ことでした。

『父母と先生の会――教育民主化への手引』

一、趣旨と目的

（略）子供達が正しく健やかに育って行くには、家庭と学校と社会とが、教育の責任を分けあい、力を合わせて子供達の幸福のために努力していくことが大切である。

（略）

「教育の責任を分けあう」という考え方は、戦前の反省に基づくもので、大切なポイントは「主体的に対等に教育の責任を分けあう」ことです。

二、「父母と先生の会」をつくろう

（略）今迄も学校との間には、それぞれ父兄会とか母姉会とか、後援会とか、保護者会とかがあって、学校と家庭とのつながりを持つことに努めて来た。定期的に学校へ集って子供達の教育やしつけの話を聞いたり、授業の参観をしたり、その他子供達のことで打合せなどをしているが、それらの多くのものは学校設備や催しの寄附や後援をすることがその主な仕事であって、本当に子供達のための仕事をしていくことが少なかったように思われる。学校の先生方からいろいろ説明をきき、注意をうけ、依頼をうけるという具合で、父母の方は常に受身になっていて、積極的な活動をすることに欠けていたと思われるのはまことに残念なことである。（略）先生が中心となった会ではなく、先生と父母が平等な立場に立った新しい組織を作るのがよい。これが「父母と先生の会」である。（略）

ＰＴＡは「学校のお手伝い」のための団体ではなく、「保護者と教職員が主体的に対等に教育の責任を分けあう」ために結成された団体であり、これは「これからのＰＴＡ」でも変わらない「ＰとＴのアソシエーション」だと考えます。

教育の責任を分けあう――課題の共有

「これからのＰＴＡ」として、教育の責任を分けあう「ＰとＴのアソシエーション」とはどのようなものなのでしょうか。

保護者と教職員で教育の責任を分けあうために最も基本となるのは、「子どもの教育」を担う当事者同士として、どちらかが一方的にではなく、利用者・提供者の関係でもなく、主体的に対等に、その学校の子どもたちの教育の課題を共有する場を作ることだと考えます。

「保護者と教職員・保護者同士で教育の課題を共有し、その課題について学びながら解決に向けて取り組むこと」が「これからのＰＴＡ」の「活動」であり、その中で「保護者と教職員・保護者同士の信頼関係」が作られていきます。この「信頼関係づくり」が「これからのＰＴＡ」の「目的」であり、そこで作られる「信頼関係」が「これからのＰＴＡ」の「子どもたちのため」だと考えます。

吹上小Ｐでは、そのための最も基本的な取り組みとして、校長に保護者に向けての「学校グランドデザイン」のプレゼンテーションをお願いしました。学校がどのような子ども観・教育観を持ち、そのためにどのような教育をしているのかを保護者たちが知ることは「信頼関係」の基盤として必要だと考えたためです。

学校のお手伝いや子どものためのイベントも、「保護者と教職員・保護者同士の信頼関係づくり」のための取り組みと位置付けることで、その意味が大きく変わるはずです。

「これからのＰＴＡ」＝「入会したい、参加したいＰＴＡ」

「入会したい、参加したいＰＴＡ」とは、適切な手続きのもと、目的に賛同し主体的に入会した会員が、対等にその学校の子どもたちの教育の課題を共有し、その課題について学びながら、解決に向けた活動に主体的に自由に参加する中で、保護者と教職員・保護者同士の信頼関係を作っていく。「これからのＰＴＡ」に必要なのは、そのような形にアップデートすることだと考えます。

おわりに

２０１４年に吹上小Ｐの副会長を引き受け、２０１５年から会長を務めるにあたって、本やネットの情報を頼りにＰＴＡについて調べ考える中で、猫紫紺さんこと石原慎子さんのブログでも勉強させてもらいました。また、実際にお会いし、お話しする機会にも恵まれました。石原さんの「ＰＴＡが変われば社会も変わるはず」という夢を共有してきたつもりです。

いま学校は、校則や教員の働き方など、これまでの理不尽ともいえるあり方を変える、あるいはなくしていこうという動きが大きくなっています。理不尽なＰＴＡを変える動きも無関係ではなく、これまで学校で抑圧されてきた、個人の主体性が尊重される方向への転換点にきていると感じます。それは新学習指導要領の「主体的・対話的で深い学び」ともリンクしていくでしょう。

学校が、対等に保護者・教職員それぞれ個人の主体性を尊重し、子どもが一人の個人として主体性を認められ尊重される場になることを願うとともに、ＰＴＡも主体的で対等な関係を作る場となることを願っています。

〈ＰＴＡ用語集〉

◎Ｐ連（ぴーれん）

市区町村、都道府県など自治体ごとにつくられるＰＴＡのネットワーク組織。地方ごとのブロック組織や、全国組織（日Ｐ）を含む場合もある。正式名は「ＰＴＡ連絡協議会」「ＰＴＡ連合会」「ＰＴＡ協議会」など。「Ｐ連」のほか「Ｐ協」「連Ｐ」などの略称も使われる。Ｐ連は、タテマエ上あくまで「各ＰＴＡ（単Ｐ）と並列の関係」だが、現実は上下のような関係が多い。負担が大きいわりに、保護者や教職員、子どもたちへの還元が少ないため、昨今はＰ連から退会する単Ｐや、都道府県Ｐから抜ける市区町村Ｐが増えている。ただし稀に、単Ｐ支援に徹する良心的なＰ連も存在する。

◎単Ｐ（たんぴー）

単位ＰＴＡの略称。要はＰＴＡのこと。Ｐ連を構成する要素としての呼称。

◎日Ｐ（にっぴー、にちぴー）

「日本ＰＴＡ全国協議会」の略称。Ｐ連の全国組織で、法人格を持っている（公益社団法人）。

直接会員になれるのは、都道府県のP連と政令市のP連。会員になっている単Pから児童生徒1人当たり10円ずつの分担金を集めている。全国から集めるので、意外とすごい額になる。

◎日本PTA新聞

日Pが発行する新聞。会員になっているP連や単Pを通して、PTA会員に配布されているはずだが、「(うちのPTAも入ってるはずなのに)見たことない」という人も多い。途中のどこかで止まっていることがある。

◎社会教育関係団体

社会教育法(第十条)で「法人であると否とを問わず、公の支配に属しない団体で社会教育に関する事業を行うことを主たる目的とするものをいう」と定義されている。ただし、PTAが社会教育関係団体だと書かれているわけではなく、PTAが社会教育関係団体であるかどうかについては意見が分かれる場合もある。

◎父母と先生の会参考規約(第一次・第二次)

戦後、文部省が全国の学校にPTAを作らせるために作成・配布した参考規約。1948年

（昭和23年）に配られたものが第一次参考規約、1954年（同29年）に配布されたものが第二次参考規約。どこのPTAの規約もわりと似通っているのは、みんな参考規約をもとにつくられているため。

◎委員希望調査票（アンケート）

新学期、各クラスでPTAの委員決めをする際、保護者に事前に配布されるアンケート。よくあるのは、第一希望から第三希望まで委員や係名を記入する形。加入意思を確認せず、いきなりこのアンケートを配布するPTAが多いため、保護者は「PTAは加入も活動も義務」と誤認してしまう。事情がある人にとっては「脅迫状」に見えることも。

◎ポイント制

PTA活動の「ノルマ」を、保護者全員に「平等に」負担させるため編み出された仕組み。たとえば、本部役員をやると10ポイント、委員長は5ポイント、その他の委員・係は1ポイントなど、活動内容の負荷に応じてポイントが付与され、一定数のポイントをためた人は、役員選出の対象から外れられる。「PTA活動は義務」という前提で作られたルールなので、「必ずやれ」という圧力を増しやすいが、「ポイント制をやめよう」と提案すると、「せっかくポイントをためたのに」と惜しがる保護者が続出するため、継続されることになりがち。

◎地域ボス

戦前の学校後援会等の組織では、地域の有力者が役員を占有し、発言力を持つ傾向が見られた。戦後、文部省が全国の学校にＰＴＡを作らせた際は、民主的な運営のため、地域ボスを排除することを意図した。

◎くじ引き・じゃんけん

強制を前提とするＰＴＡでは、委員や役員を決める際、しばしばくじ引きやじゃんけんで保護者を選出する。泣く人が出ることもある。

◎挙手制（手挙げ方式）・ボランティア制

ＰＴＡではよく、役員や委員、係などを「各クラス何人」と強制的に割り振って、活動をさせてきたが、そうではなく、本人の希望にのみもとづいて活動してもらう形。「挙手制」「ボランティア制」のほか、「エントリー制」「都度募集」など、呼び方はいろいろ。

◎卒業記念品

卒業する児童生徒に配布する記念品。ＰＴＡや卒対（卒業学年の保護者有志）で用意することが多い。卒業証書ホルダーなど安価なものから、印鑑など高価なものまである。ＰＴＡによる記念品の配布は、全員加入を前提として始まった風習であるため、ＰＴＡ側が「入らないならあげない」「実費を払ったら配布する」などと言いだし、揉めることが多い。だが本来、ＰＴＡは任意加入団体であり、かつその学校に通うすべての児童生徒のために活動する団体なので、全家庭の子どもに記念品を配る必要があると考えられる。この議論は平行線に陥りやすい。

◎ボランティア

英語では「自ら志願する者」「自分の意思で参加する活動」を意味するが、日本では「タダ働き」「無償奉仕活動」という理解で定着している。そもそもＰＴＡ活動はボランティア（自らの意思）で参加するもののはずだが、日本では強制加入・参加がデフォルトだったため、ややこしいことになっている。

（大塚玲子）

発刊によせて

大塚玲子

ノンフィクションライター。PTA問題（保護者組織）、多様な形の家族などを主なテーマとして取材・執筆活動を続けている。著書に、「PTAをけっこうラクに楽しくする本」「オトナ婚です、わたしたち」（太郎次郎者エディタス）、「さよなら理不尽PTA」（辰巳出版）などがある。

この本は、PTAのあり方に疑問を抱き、その存在の意味を考え続け、現場の問題を解決・改善しようと、文字通り「死力を尽くして」しまった一人の保護者、石原慎子さん（ハンドルネーム・猫紫紺さん）が遺したものです。

慎子さんは、お子さんが東京都・世田谷区の小学校に入った2008年春、初めてPTAに足を踏み入れ、そのありように強い疑問を抱きます。

顔色の悪いひとりの母親がみんなの前で、病気になり活動に参加できなくなったことを公表させられる場面を見たこともあります。夏休み明け、その方は亡くなられていたそういます。このできごとも、彼女がPTA問題に取り組む大きなきっかけの一つになったといです。

翌年、彼女はブログ「草履で歩きながら考える」に、PTAの問題をつづり始めました。同年に開設され、PTA問題を考える人たちの貴重な意見・情報交換の場となった「素晴らしいPTAと修羅場らしいPTA～Think! PTA!～」では、サイトに集う仲間たちとともに、PTAの入退会自由を確認するための署名活動を始めます。集まった署名を文部科学省や内閣府に提出するまでの経緯については、p73～のコラムで、とまてさんが詳しく書かれている通りです。

本書の最大の特徴は、PTAへの「怒り」と「希望」を同時に描いていることでしょうか。彼女はPTAに希望を持ち続けていました。保護者、母親たちを追い詰めるそのやり方、仕組みに憤りながら、それでもPTAというものをあきらめようとしませんでした。

理由のひとつは、日本にPTAができた歴史的な背景にあるのでしょう。

1章に書かれたとおり、戦後の日本にPTAを導入させたGHQや文部省の意図は、理想にあふれたものでした。この国に民主主義を浸透させて、平和な世の中を築きたい。そのために保護者たちも、PTAという場で民主主義を実践し、学んでほしい。役員決めで泣きだす母親が出ることなど、まったく想定していなかったのです。

彼女がＰＴＡに託す希望は、病気の進行とともにふくらんでいったようにも思えます。ＰＴＡが、導入当初に意図された姿を取り戻すことで、彼女自身の魂も永らえるような、そんなイメージを抱いていたのかもしれません。

一方で、ＰＴＡに悩み苦しむ人たちに、彼女はいつも寄り添いました。ブログやＳＮＳを通して知り合った、ＰＴＡで辛い経験をした人に優しく声をかけ、ともに怒り、ＰＴＡ問題への取り組みを揶揄する人たちには、粘り強く立ち向かいました。

どんな相手でも、彼女はあきらめませんでした。向けられる言葉の刃が彼女の寿命を縮めたようにすら感じます。それでも彼女は、対話の努力を続けずにいられなかったようです。


慎子さんと知り合ったきっかけは２０１３年、私が書籍を書くために行ったＰＴＡに関するＷｅｂアンケートに彼女が答えてくれたことでした。翌年、拙著『ＰＴＡをけっこうラクにたのしくする本』（太郎次郎社エディタス）が出版された直後に、彼女は乳がんの手術を受けています。私とメールを交わしたのは、がんが発見されたころだったでしょうか。

このころから、彼女は「いつか自分も本を出す」と決めていたような気がします。

その後、私と彼女は主にツイッターでやりとりをするようになりました。

初めて顔を合わせたのは、2016年、生活協同組合パルシステム東京で開催された、PTA問題に関するワークショップに私が参加したときです。慎子さんは以前から同生協の組合員活動に携わっており、このときのワークショップは彼女自身がファシリテーターとして運営するものでした。後で詳しく書きますが、この生協の組合員活動は、彼女にとって非常に大きな意味をもっていたようです。

がんの再発がわかったのは2018年の初夏でした。余命宣告を受けた彼女にかける言葉が見つからず、代わりに企画したのが「やめたらどうなる？ PTA」というイベントでした（憲法学者の木村草太さんと文化学園大学教授の加藤薫さんが登壇）。彼女を励ますことが目的だったのですが、50名を超える参加者が集う大イベントとなりました。

慎子さんは当時、実名顔出しを控えていたため、登壇者にはなってもらえなかったのですが、イベントの冒頭では、こんなあいさつをしてくれました。

「私はPTAの問題が起きる原点というのは、任意加入、任意の団体だということを、うまく実行できていないことにあると思っているんです。例えば、法律の『ホ』の字を出すだけでアレルギーを起こす方がいらっしゃったり。『会員の総意』って本当は何だろう？ 一部の人の意見がそうなっちゃってないかい？ という問題だったり……」

任意で加入・活動するという本来の形になれたら、ＰＴＡはきっといいものであるはずだ。そんなメッセージを、彼女はこのときも伝えてくれたのでした。

先ほども少々ふれましたが、生協の組合員活動を経験していたことも、彼女がＰＴＡに希望を持ち続けた大きな要因の一つだったと思います。

いつだったか、生協の「総代会」について、慎子さんがうれしそうに教えてくれたことがありました。総代会はＰＴＡの「総会」にあたるようなもので、基本、年に一度開かれ、生協の年間予算や事業・活動方針について議決する場だそうです。

ただしＰＴＡとは違って、組合員の代表である「総代」は希望者が自らの意思でなるのが常で、総代会ではいつも活発な議論が行われているのだとか。そんな話を聞いたように記憶しています。

そうか、彼女がＰＴＡに腹を立てながらも「でも変われるはずだ」と信じている理由は、これなのかな、と思いました。生協で任意の活動が成立しているのを自分の目で見たのだから、ＰＴＡでだって同じことをできないはずがない。慎子さんは、そんな信念、確信のようなものを持っていた気がします。

さらに、組合員としてファシリテーターの活動をしていたことも、彼女にとって非常に大きなことだったようです。

彼女の友人のひとり、玉子さん（ハンドルネーム）から聞いた話によると、慎子さんは若い頃は人付き合いが苦手で、自らを「いやなやつだった」と言っていたそうです。でも、ファシリテーターとしての研修を受けるなかで「相手を尊重する、受け止める」という訓練を徹底的に行ったおかげで、大きく成長できたと話していたと。

彼女がどんな相手でも対話をあきらめなかったのは、自身のそういった「変われた経験」があったからではないか、と玉子さんは話していました。

本の出版について、慎子さんから初めて具体的な相談を受けたのは、2019年の夏頃だったと思います。彼女がつくった企画書に目を通し、元書籍編集者として容赦ないダメ出しをさせてもらいました。それから1年余が過ぎた2020年秋、もう、あまり時間がないことをうかがわせるメッセージとともに、見事に完成された企画書が送られてきました。

このとき、出版を引き受けてくれたあっぷる出版社社長の渡辺さんには、感謝しきれません。慎子さんはこれで、本当に、安心したようです。

彼女がこの世を去ったのは、2021年6月22日でした。

彼女はぎりぎりまで、驚くほど、弱音を吐きませんでした。主治医からも「本当にあなたは強いね」と感心されていたらしいと、のちに玉子さんから聞きました。

ただ、彼女が遺した書籍のための原稿はわずかでした。最後まで本の出版を気にかけていた彼女に、「だいじょうぶ、本は必ず完成させるね」と伝えてはいたものの、これを一体どうすれば。正直なところ、悲しみよりもプレッシャーが勝る日々でした。

結局、本書の第2章は、出版社の渡辺さんが、彼女のブログや残された資料から文章を拾いつつ、加筆構成してくれました。私は彼女が取材したいと思っていた人を、生前の話や、本人がパソコンにのこしたメモなどをもとにリストアップして、原稿を書いてもらえないかとお願いし、ようやく形がみえてくることになりました。

とはいえ、出版社にとっては、故人の本を発行することは大きなリスクです。赤字覚悟で前に進まなければなりません。

悩んだ末、慎子さんのファシリテーター仲間の方たちに、本の印刷費用を賄うためクラウドファンドを立ち上げてほしいとお願いしたところ、快く引き受けてくれたのが「ほしこさん」こと、小出伸子さんでした。

ほしこさんは、パルシステム東京でＰＴＡのワークショップを慎子さんとともに企画した仲間のひとりです。慎子さんがどれほど本の出版を強く望んでいたか、最もよく知る友人でもあります。彼女の力なくして、この本が完成することはありませんでした。

2023年5月1日、モーションギャラリーでクラウドファンドを開始し、同月18日、無事に目標金額を達成しました。ほしこさんも私も、ただただ「ありがたい」という言葉か出ませんでした。

このとき「ありがとう」を「言う人」が多いことにも驚かされました。みんな、このクラウドファンドを、慎子さんの本の出版を、「自分の願い」として協力してくれていたのです。そのことに気付いたときも、またぐっとくるものがありました。


寄稿していただいた7名の方。

クラウドファンドに協力してくださった、皆さま。

そして、この本を手に取り、読んでくださっている方々。

本当に、どうもありがとうございます。

クラウドファンディングに協力してくれた方一覧（順不同、敬称略）

ブラック
石川健之
りーさん
たかごん
山内 孝予
あずき（Kumi.M）
NakaHarano
km5293
柴田 陽一郎
今日のおこられたさん。
Kaname
れおっさん
まゆみん
岸圭介
MINAKO
藤井康彦
k
なゆた
楢木祐司
由華
じゃこ
ほったさん。
神宮寺ぴこ
福嶋尚子
竹内幸枝
KIYO
KK
木村裕美
KAWAUSOUSU
シン
あさこ
浄光
いっこ
ぶっち
Osugi1Q80
ぱた
石川 健一
ひな
佐藤美保
原 大祐（熊本日日新聞）
鈴木 和夫
りんころ
にょっき
くらげ
Indigo
米川奈穂美
立川四小PTA
足立久美子
よっぱ森
hira-toorisugari
PTA探検隊
ヒロタカ
グロンスキー雅子
キーママ
宮田大輔
結惟
反町薫
ノンノン
ほんまようこ
ちこここ
PTAの耳はロバの耳
ゆきまさ2017
晶子
栁澤靖明
水谷たかこ
ひろみ
マッキー
nursinger
吉村美加
吉村由香利
ヒラトモ父
Dee-Dee
優木ぴ代
ヘルP
PTAのあり方とは・・
Yuko M.
植松明彦
すずきち
綾子
しば
伊藤稔弘
はっしー
井上哲也
くらべ
鳥居奈央
SakuraThanks
小口海玖
Rainy
AZ＠大阪
さゆこ
タロウ
ガーラ

クラウドファンディングで寄せられたメッセージ（順不同、敬称略）

発見！ 仲間はすぐそばに。（植松 明彦）
慎子さんが夢見ていたＰＴＡの書籍が実現します。過去の人、今の人、未来の人。たくさんの人の道しるべになりますように。参加する機会を与えてくれてありがとうございました。これからも見守ってくださいね。（KK）
この本を通して猫さんの想いが多くの方々に届くことを願っています。PTAの問題で誰も苦しむことのない未来が来ますように。（鈴木 好則）
PTA ってなんなんだろう？　彼女は言った。強制が無ければいいのになぁ。PTA ってなんなんだろう？　私もそう思います。皆で考える時期が来た。子育て楽しくするために。充実した教育を提供するために。（ほったさん。）
10年前、PTA会長からのイジメに苦しみ悩んだ時期に出会えた奇跡。かけがえのない親友と来世もまた、出会いましょう！（米川 奈穂美）
「PTA」という切り口をきっかけに、積極的なファシリテーター活動を続けられた慎子さん。その傍でずっとしたためてきた出版への思いが、こんなにも素敵な形で実現しました！このつながりも慎子さんパワーですね。（ほんまようこ）

（いずれも掲載希望者のみ）

著者プロフィール

石原慎子（いしはら ちかこ）

1970年生まれ。筑波大学芸術専門学群構成コース卒。
PTA研究家。2012年5月「PTA の入退会自由に関する請願書」を内閣府に提出。他に、生協でPTAワークショップを企画開催。2018年4月NHKニュースシブ5時「PTA女子会」出演。2019年5月には新聞記者有志主催の「PTAフォーラム～取り戻そう、自分たちの手に～」にパネリストとして登壇。猫紫紺（Nekoshikon）の名で、Wikipedia（PTA）編集やネット上で活動。2021年6月、癌により逝去。

いまどきPTA　嫌われ組織からの脱却

2023年 8 月20日　初版第 1 刷発行

著　者　石原慎子
発行者　渡辺弘一郎
発行所　株式会社あっぷる出版社
〒101−0065 東京都千代田区西神田 2 − 7 − 6
TEL 03−6261−1236　FAX 03−6261−1286
http://applepublishing.co.jp/
装　幀　クリエイティブコンセプト
組　版　Katzen House　西田久美
印　刷　モリモト印刷

カバーイラスト・石原慎子
カバー写真・玉子